中国足球发展指数研究

易剑东　袁春梅◎著

南开大学出版社　天津社会科学院出版社

图书在版编目（C I P）数据

中国足球发展指数研究 / 易剑东，袁春梅著. -- 天津 ：南开大学出版社 ：天津社会科学院出版社，2022.12
ISBN 978-7-310-06332-1

Ⅰ. ①中… Ⅱ. ①易… ②袁… Ⅲ. ①足球运动－发展－指数－研究－中国 Ⅳ. ①G843

中国版本图书馆CIP数据核字(2022)第211218号

中国足球发展指数研究
ZHONGGUO ZUQIU FAZHAN ZHISHU YANJIU

南開大學出版社
天津社会科学院出版社 出版发行

出版人：陈 敬
地址：天津市南开区卫津路94号 邮政编码：300071
营销部电话：(022) 23508339 营销部传真：(022) 23508542
https：//nkup.nankai.edu.cn

北京建宏印刷有限公司印刷 全国各地新华书店经销
2022年12月第1版 2022年12月第1次印刷
787毫米×1092毫米 16开本 12印张 190千字
定价：58.00元

前　言

足球作为全球第一运动，一直吸引着球场内外的广泛关注。在中国，该项目在1994年先于其他运动项目踏上了职业化改革的征程，经历了20余年探索与努力，在青少年足球人才培养、联赛商业开发、场地设施建设等多个方面都取得了不错的成绩，为其他项目职业化发展提供了不少经验。

2016年4月，由国家发展改革委、国务院足球改革发展部际联席会议办公室、国家体育总局、教育部共同编制的《中国足球中长期发展规划（2016—2050年）》（以下简称《规划》）向社会公布，该文件是继2015年《中国足球改革发展总体方案》（以下简称《总体方案》）后，又一项有关中国足球发展的国家层面上的纲领性文件。《规划》不仅明确了足球作为“全民健身的重要事业、国民经济的重要产业、体育强国的重要基石、民族精神的重要载体”的战略定位，还为我国未来35年的足球发展拟定了短期、中期和长期三个阶段的时间表，并从制度构建、人才培养、场地设施建设、赛事活动、足球产业、足球文化、足球开放七个方面对不同发展阶段的目标进行了任务分解。

从《总体方案》到《规划》，两份纲领性文件从顶层设计层面为中国足球未来发展设计了清晰的路线图，为各地足球发展提供了有效的政策指引。但同时我们也看到足球场地设施短缺，足球后备人才不足，体育道德精神表现不佳，联赛上座率不高等问题依然制约着足球运动的发展。许多人从内部管理、外部环境、球员身体素质等方面找寻制约原因，并从体制改革、赛制改革、俱乐部建设、校园足球建设等方面提出诊治处方。自上而下的改革与自下而上的民间建议双向整合有助于足球改革进程的顺利推进,但实际成效如何,还有待时间检验。除了关注政策和资源的投入,还需要关注这些政策实施后以及资源投入后产生的实际效果。换句话说,在得知了"如何做"的同时,还需要关注"做得如何"。因而,当前亟须一个能够呈现中国足球实际发展状况的分析工具,以便及时了解目标任务的执行情况,以落实《发展规划》实施过程中"责任落实到位、任务顺利推进、目标如期实现"的政策要求,从而客观评判我国足球发展取得的成效。

本书在对足球发展概念进行界定的基础上,以《总体方案》和《规划》规定的足球发展目标为依据,综合地方足球发展实施方案内容,地方足球发展规划等政策文件,同时借鉴国内外已有的足球评价指标体系,从足球管理体制、足球人才队伍、足球场地设施、足球赛事活动、足球产业、足球文化、足球开放七个维度,下设 23 个二级指标,64 个三级指标组成了足球发展指数评价指标体系,并运用综合评价方法对足球发展水平进行量化,以直观的方式呈现我国足球发展的状况。

本书系国务院足球改革发展部际联席会议办公室 2016 年课题的结题成果,前五章执笔人为袁春梅,易剑东指导并审阅全文。附录部分为易剑东撰写的中国足球改革发展相关主题的杂文,旨在为读者增进对全书主题和作者观念的理解提供帮助。

目　　录

第一章 绪 论

党的十八大以来,国家层面的改革措施频出,作为改革重要组成部分的体育事业也得到了党中央和国务院的高度重视,振兴足球事业作为发展体育运动,建设体育强国的重要任务也摆上了议事日程。2015 年国务院《关于印发中国足球改革发展总体方案的通知》的颁布开启了新时期足球改革的序幕。随后,成立中国足球改革领导小组,由时任国务院副总理的刘延东担任组长,参与者包括教育部、文化部等部门。由国家最高决策机构直接参与部署一项体育运动项目的发展,这在中华人民共和国成立以来绝无仅有,由此可见政府推动足球发展的决心。在国家意志力的推动和民众的期盼下,新一轮的足球改革正步入良性发展轨道,并向足球强国的发展目标不断迈进。各地足球在改革过程中取得的成效亟须一套工具加以评判,足球发展指数是全面贯彻足球发展总体方案和足球中长期发展规划的重要举措,对足球改革工作推进具有重要意义。

当资本与足球联姻以来,人们对足球的关注除了足球运动员球场技能表现与比赛结果之外,球员身价、足球俱乐部财富排名、俱乐部投资人动向等都成为人们评判足球的常见话题。显然,在评判足球发展时,仅用比赛成绩进行衡量必然显得单薄而缺乏说服力。为了更加清晰地呈现多种因素综合作用于足球发展的结果,本书选择了量化多维现象的评价方法——综合指数。构建综合指数是一项具有挑战性的任务,数据可得性和评价指标确定是大多数研究者面临的主要障碍。此外,为了便于比较,还需要对数据进行标准化和加权综合。不过,尽管存在上述挑战,但该方法被若干国际组织广泛用于经济、环境和社会现象的评价。例如,联合国经济合作组织就使用了“人类发展指数”对人类发展状况进行评估;世界经济论坛通过“全球竞争力指数”展示各国的竞争实力。综合评价指数已在管理决策中扮演着重要作用。足球发展指数,是以足球发展目标为依据,选择具有代表性的指标构成评价指标体系,借助综合评价方法对足球发展水平进行定量分析的工具,突破了以往定性评判难以体现精确性的局限,有益于进行地区差异比较,并分析各地区差异出现的原因;同时有利于实时监测足球发展进程,有助于找寻足球改革进程中的问题和短板,为足球管理工作提供指导,对深化足球发展改革具有重要的理论和实践意义。

一、有利于全面展示我国足球发展水平

足球发展指数评价指标体系以《规划》提出的足球发展目标为依据,从足球管理、足球人才培养、足球场地设施、足球竞赛表演、足球产业、足球文化、足球国际化七个方面对足球发展进行全面综合评价。评价结果是对多个指标的整合和综合,可避免使用单一评价指标带来的评价结论偏差,从而使评价结果更具客观性和科学性。

二、有利于促进足球发展信息化建设

在国家政策的引导和鼓励下,全国各地都纷纷加大了对足球的投入,但是对其投入取得的成效,却并未得到充分重视和关注。究其原因,这不仅与我国足球发展缺乏完善的信息搜集与统计制度有关,同时也与我国足球发展缺乏成熟统一的评价体系相关。因此,在人们对足球发展关注度不断升高的情况下,通过评价不仅可以对足球发展相关的信息进行系统搜集,同时还可以建立长期的信息跟踪调查系统,以减少作管理部门做决策时的不确定因素,为提高管理效率提供方便。

三、有利于社会各界了解足球发展状况

评价的目的就是以数据为基础,借助评价工具对事物的发展状况进行展示。评价结果的传播强化了足球发展的信息公开,不同的人可以从评价结果中了解哪些问题解决了,哪些问题还存在风险。这样不仅可以为社会各界提供了评判足球发展效果的讨论依据,还可以激发社会各界为解决足球发展中的重要问题提供政策性建议。

第二章　足球发展评价国际经验

足球是世界上开展最广泛、影响最大的体育运动项目之一，有“世界第一运动”的美誉。世界上有超过130个国家拥有足球职业联赛，而仅有30多个国家拥有篮球职业联赛①。作为最具影响力的单项体育赛事——世界杯足球赛，已成为全世界人民狂欢的节日，吸引着无数足球爱好者参与其中。世界杯举办期间，地球上三分之一的人为之放弃一切，甚至有不少国家首脑百忙中抽空到球场看球②。足球发展到今天，已经形成了包括政府、民间组织、企业、社会中介、各类足球从业者以及参与者等各类利益群体组成的庞大产业，如何实现良好的治理和自我管理成为足球管理者和参与者面临的现实问题③。在这种情况下，客观和准确评估一国足球发展状况就成为一种现实需要，世界足球的最高管理机构国际足联以及一些第三方管理机构在这方面进行了尝试和努力，并取得了一定的效果。

国际上对足球发展的评价，主要包括三类：第一类是国际足球联合会的全球足球发展评价体系；第二类是专业管理咨询机构发布的足球评估体系；第三类是学术界的足球发展评价研究成果。虽然目前国内对足球

① 蔡向阳. 足球智慧：你必须知道的足球知识[M]. 福州：福建人民出版社，2018，10：1.

② 蔡向阳. 足球智慧：你必须知道的足球知识[M]. 福州：福建人民出版社，2018，10：1.

③ 卡米尔·博利亚特，世界各国足球协会与职业联赛治理模式研究报告[M]. 天津：天津人民出版社，2017. 10：6.

发展的重视程度日益提高，但是有关足球定量评价的工具研究却十分稀缺，为此，通过分析国际经验对我国足球发展评价工具的开发具有重要意义。

第一节　国际足联全球性足球发展评价体系

国际足联/可口可乐世界排名是国际足联携手可口可乐公司开发的一套针对国际足联成员国足球竞技水平的排名系统。排名分为男子和女子，男子排名每月更新一次，女子排名因赛事有限每季度更新一次。男子排名系统始于 1993 年，根据国际足联官方网站公布的数据显示，自排行榜创立以来，中国男子国家队排名徘徊在第 70 名上下，历史最高排名是在取得曼谷亚运会季军的 1998 年，排名第 37 位。在男子足球国家队排名推出后的十年，国际足联于 2003 年首次发布了女子排名榜。自排名榜发布以来，中国女足的世界排名在第 10 位左右波动，历史最好名次是第 4 位。最新排名数据显示（更新日期为 2020 年 4 月 9 日），目前中国男子国家队和女子国家队在世界分别位居第 76 位和第 16 位，在亚洲位列第 9 位和第 4 位。

一、国际足联/可口可乐男子国家队世界排名（FIFA/ Coca-Cola World Men's Ranking，WMR）

为了让排名结果能够最大限度地反映各国足球的真实发展水平，自 1993 年首次发布男子足球国家队排名榜以来，国际足联对排名方法进行了多次调整与修改。目前采用的是 2018 年 8 月修订的排名规则。新修订的规则对赛事重要性的加权系数进行了调整，降低了友谊赛的权重，增大了总决赛（如国际足联世界杯决赛）的权重。且在总决赛中，淘汰赛相比小组赛权重系数更高。所采用的计算公式为：

$$P = P_{before} + I \times (W - w_e)$$

其中，P_{before} 表示球队的历史积分；I 表示赛事的重要性加权系数；W 表示比赛成绩；W_e 比赛预期结果。

国际足联根据赛事重要性的不同对 I 的值进行了赋值：国际赛比赛日以外的友谊赛取值 05；国际比赛日日期之内的友谊赛取值 10；国家联赛赛事（小组赛）取值 15；国家联赛赛事（附加赛和决赛）取值 25；洲际赛预选赛、国际足联世界杯预选赛取值 25；各大洲洲际赛决赛圈赛事（四分之一决赛之前）取值 35；各大洲洲际赛决赛圈赛事（四分之一决赛之后）取值 40；国际足联世界杯赛事（四分之一决赛之前）取值 50；国际足联世界杯赛事（四分之一决赛阶段之后）取值 60。

W 依据比赛结果不同，取值不同。比赛失败取 0，获胜取 1，平局取 0.5。

比赛预期结果 $W_e = 1/(10^{\left(-\frac{dr}{600}\right)} + 1)$，$dr$ 表示两支球队比赛前的积分差。即：dr = A 队 P_{before} −B 队 P_{before} 。

最新的排名规则对足球比赛中一些特殊的情况进行了补充说明。例如对采用点球决定胜负的比赛，获胜球队的 W 取 0.75 而不是取 1，失败球队的 W 值取 0.5，而不是 0。为了保护进入决赛淘汰赛球队的总积分，在决赛淘汰赛中获得负分的球队不会丢失任何积分，如果（$W - w_e < 0$），则 $P = P_{before}$ 。

二、国际足联/可口可乐女子国家队世界排名

（FIFA/Coca-Cola Women's World Ranking，WWR）

据国际足联的数据显示，在 130 个成员国中，目前活跃在足球运动中的女性运动员人数为 2900 万。自 1971 年（国际足联承认的第一场女足比赛是在 1971 年 4 月 17 日法国队对阵荷兰的比赛）以来，大约进行了 6500 场女子足球比赛。全世界有 10 亿人收看了 2019 年女足世界杯。德勤发布的 2020 年全球足球财富榜 20 强名单中有 17 家俱乐部拥有职业女足球队，且 10 家俱乐部拥有独立的球衣赞助商。

随着球迷、赞助商、媒体对女足关注度提高，国际足联于推出了女子足球国家队排名。首次排名榜于 2004 年 11 月发布，之后国际足联对排名规则进行了两次调整。第一次调整增加了比赛重要性权重调节系数 K—因素（K-factor）。第二次调整扩大了友谊赛的权重。考虑到顶级球队之间的友谊赛具有较大的影响力，在排名计算时引入了一项额外的计算规则，即排名前 10 的两支球队之间比赛的重要性权重系数在原来的基础上增大了一倍。

女足国家队排名进行计算时主要依据以下指标。第一，比赛成绩。比赛的输赢是排名评价最重要的标准，但同时也会考虑净胜球数和进球得分。第二，主场、客场与中立场。该指标主要考虑主场优势对结果的影响。国际足联通过对历史成绩的分析发现，球队的主场得分总是优于客场，且在主场比赛时球队胜率在 66%左右。为了削减主场优势对结果的影响，主场球队的得分都会乘以相应的系数进行调节。第三，赛事级别。选择赛事级别指标是因为，除了奥运会足球比赛以及女足世界杯这类影响力较大的比赛之外，在世界许多地区洲际锦标赛和地区间的友谊赛在推动女子足球普及方面具有重要的价值。但考虑到一个国家在派出队伍参加友谊赛之类的比赛时其球队的实力并非国家顶尖的运动员，因此为了更准确地衡量一个国家球队的实力，排名计算时就通过对不同赛事级别赋予不同系数来对结果进行调节。第四，球队实力。各队自身的实力评估。

确定了评价指标后，国际足联采用排名的计算公式如下：

$$R_{AFT}=R_{BEF}+K\times(S_{ACT}-S_{EXP})$$

其中，R_{AFT} 为球队新积分；R_{AFT} 为球队的历史积分；S_{ACT} 实际的比赛结果；S_{EXP} 预期的比赛结果；K 为比赛重要性调节系数。

从公式可知，如果球队的“实际”比赛成绩高于了预期，那么球队的新积分就会高于历史积分。当球队表现不及预期，即“预期”成绩大于了“实际”比赛所得的成绩，这时比赛成绩不佳的球队失去的分数就是对手赢得的分数。从计算方法可以看出，一支球队赢得一场胜利的评分取决于对手的实力。战胜一支非常弱的球队几乎不会提高球队在 WWR 上的位置,而战胜一支实力更强的球队则会明显提升 WWR 的排位。该计算方法旨在鼓励球队设法战胜比自身更强大的对手。另一方面,此举也可对球队贡献精彩的比赛提供激励。

第二节　第三方机构发布的足球评价报告

一、欧洲精英足球俱乐部企业价值报告（Football Clubs, Value）

欧洲精英足球俱乐部价值评估报告由全球领先的会计师事务所毕马威咨询公司发布,截至 2019 年 1 月,报告已经发布了四个年度(2016—2019)。在选择评价对象时,毕马威并未向所有俱乐部敞开大门,而是设置了一定的入选门槛,只有近 5 年都是欧足联成员,俱乐部的营业收入排名前 50 位,或者在过去一年中,社交媒体的粉丝数量排名前 30(Facebook,Twitter,Instagram 和 YouTube 加在一起)的俱乐部才有参评资格。因为参评条件限制,因而入选的俱乐部均是拥有优异的比赛成绩,且没有降级风险,在国际上拥有很好知名度的球队。

考虑到数据的易得性以及计算的可操作性,毕马威公司采用了市销率倍数相对估值法对俱乐部进行估值,这是一种衡量企业市值相对于其营业收入的价值方法。由于市销率倍数法仅能反映俱乐部营收水平,无法反映俱乐部盈利水平及资产状况,为了弥补不足,让排名更加客观真实,公司在计算时考虑了俱乐部盈利能力、球迷参与度、球队获胜潜力、转播收入以及球场所有权五个参数的调节作用。盈利能力考虑了过去两个财政年度员工成本/与营业收入的比率来衡量,比值越高,表示创造利润的能力越低。球迷参与度是足球俱乐部的重要支持者,球队在赛场上的成功与球迷的参与度之间存在很强的关联性。为此,毕马威采用了 Facebook,Twitter,Instagram 和 YouTube 四大社交媒体的粉丝数作为球迷参与度的替代指标。获胜潜力对俱乐部收入具有重要影响,球队比赛获胜预期能够带来可观的比赛日收入及转播收入,毕马威认为拥有较佳球员阵容的球队比赛获胜的机会越大,为了强化这种影响,计算时采用球员估值工具衡量出的球员身价作为衡量俱乐部的获胜潜力的替代指标。转播对足球俱乐部的创收起着至关重要的作用,毕马威的算法也考虑到了已经达成的转播权合作对下个赛季的影响。除了球员,俱乐部的体育场也是俱乐部重要的资产之一。俱乐部拥有体育场的所有权通常代表着更多的创收机会。因此,在计算公式中也考虑了球队主场的所有权。

2019 年欧洲精英足球俱乐部企业价值报告显示,排名前 5 位的俱乐部分别是皇家马德里、曼彻斯特联队、拜仁慕尼黑、巴塞罗那和曼彻斯特城。排行榜的冠亚军身价均超过 30 亿欧元,荣居榜首的皇马因连续三次夺得欧洲冠军联赛冠军而身价倍增,估值高达 32. 23 亿欧元。紧随皇马的曼彻斯特联队同样价值不菲,估值为 32. 07 亿欧元。位居榜尾的是来自土耳其的加拉塔萨雷俱乐部,估值为 2. 46 亿欧元,与位居榜首的皇马估值相差 13 倍,足坛的贫富差距可见一斑。

从榜单球队的来源分布看,32 支俱乐部中有 27 支来自欧洲足球五大联赛。其中,9 支俱乐部来自英超联赛,企业价值占总额的 43%。西甲和意甲分别有六家俱乐部上榜。由于皇家马德里和巴塞罗那的不凡身价,六家西甲俱乐部的企业价值总值几乎是六家意大利俱乐部企业价值的两倍。五大联赛之外(土耳其、荷兰、葡萄牙、苏格兰)的上榜俱乐部有五家,占 32 家俱乐部企业价值总值的 4%。

二、足球运动员价值评估(Player Value)

运动员是足球俱乐部的重要资产。但是,如何准确地评估一名球员的价值却是困扰足球俱乐部管理者多年的一道难题。过去,俱乐部往往采用传统的选秀方法,凭借过往的经验和直觉,整个流程中并没有充分利用客观的数据和信息。为了让球员交易决策更具科学性,毕马威公司于2018年9月推出球员价值评估报告,并在每年的2月1日、3月下旬、7月1日、9月1日和11月中旬对球员市场价值进行更新,以便行业利益相关者及时了解球员身价变化,为业界球员交易及合作提供信息参考。

报告以参加11个足球联赛(英超联赛、西甲联赛、意甲联赛、德甲联赛、法甲联赛、荷兰足球甲级联赛、比利时足球甲级联赛、土耳其足球超级联赛、巴西足球甲级联赛、阿根廷甲级联赛、英格兰足球联赛锦标赛)的5000多名运动员的交易数据为依据,将影响球员价值的关键因素纳入线性回归模型(广义线性模型)进行估算。纳入回归模型的因素包括:球员的位置,即守门员、后卫、中场、前锋;年龄和国籍;评估球员与当前俱乐部的合同;球员个人场上表现,如进球、助攻、上场分钟、运球、铲球;赛场规范,即球员犯规次数、红黄牌数;球员在国家队的表现,如国际比赛次数、国际进球数;球员的媒体和商业潜力;俱乐部的表现,如运动成绩、联赛竞争力、俱乐部经济、财务等;团队依赖性,评估特定球员在球队中的重要性;球员转会的时机和待接收俱乐部的经济概况。如果球员在过去两个赛季(2017/18和2018/19)没有参加过上述任何职业足球联赛,或者总上场时间少于450分钟,则放弃对该球员的市场价值估算。

据毕马威2020年2月发布的最新报告显示,基利安·姆巴佩以2.25亿欧元荣登世界最有价值球员宝座。年龄是球员价值的重要影响因素,前十名球员的平均年龄略高于26岁,只有梅西的年龄超过30岁,来自多特蒙德足球俱乐部的桑乔是榜单前十名球员中最年轻的球员(只有19岁)。

在欧洲32强精英俱乐部中有近一半(45%)的球员来自欧洲五大联赛国家,其中西班牙和法国球员分别占14.3%和10%。巴西(7.2%)、阿根廷(4.7%)和葡萄牙(3.6%)也是世界足球精英的重要"孵化器"。加盟英超的球员中,有42%的市场价值超过4000万欧元,而西甲和意甲分别只有25%和15%。随着优秀球员纷纷流向豪门俱乐部,如何留住人才将成为中小俱乐部的巨大挑战,由此带来的俱乐部人才两极分化现象将越演越烈。

三、德勤足球财富榜

由国际四大会计师事务所之一的德勤公司发布的《德勤足球财富榜》是足球行业公认的重要报告,2020 年的最新报告从俱乐部比赛日收入(球票及接待服务销售)、转播收入(俱乐部参与国内联赛、杯赛以及欧洲俱乐部竞赛的分红收入)和商业收入(赞助收入、衍生商品收入、球场旅游参观及其他商业运营获取的收入)三项财务指标对世界上收入最高的 20 家足球俱乐部进行估值排名。

据 2020 年财富榜排名显示,在 2018—2019 赛季,财富榜的 20 强共创造了 93 亿欧元的收入,较上个赛季增长 11%。增加的 9. 39 亿欧元中,有 5. 75 亿的转播收入(增长 16%)、3. 13 亿的商业收入(增长 9%)、5100 万的比赛日收入(增长 4%)。不同排名的俱乐部三类收入的比例组成存在差异,排名越靠后(排名第 16 至 20 位)的俱乐部转播收入较高,转播收入占总收入的 65%;排名靠前的(排名第 1 至第 5 位)的俱乐部商业收入占总收入 49%。所有俱乐部的比赛日收入占比都是最低的。

来自西甲的巴塞罗那俱乐部因利用自身品牌影响力直接管理衍生品和授权业务成功实现商业自我运作,收入突破 8 亿欧元,位居榜首,价值 8. 408 亿欧元。皇家马德里排名第二,估值 7. 573 亿欧元。曼联和拜仁慕尼黑分别以 7. 115 亿欧元和 6. 601 亿欧元的价值位列第三与第四位。巴塞罗那、皇马和曼联的收入均超过 7 亿欧元。处于第二梯队的拜仁、圣日耳曼、曼城和利物浦,收入在 6 至 6. 65 亿欧元之间。第三梯队俱乐部之间的差距缩小,排名第 16 位的罗马(2. 3 亿欧元),这个军团中俱乐部之间的差距缩小了很多。

第三节　学术界关于足球发展评价的研究

一、单个学者的研究

除了国际足联和第三方机构关注足球发展的成效外，学术界也同样致力于开发衡量足球整体表现的测评工具。相比机构而言，有学者认为衡量一个地区足球发展的标准除了赛场表现，俱乐部经营收入之外，足球在社区的影响力、场地设施、青少年足球发展等都是重要的参数。在构建足球俱乐部综合评价指数时，特奥多·艾德里安(2015)选择了俱乐部比赛成绩(欧足联排名)、财务表现(俱乐部收入)、社会影响(球迷支持度)三个维度。比马也·查德威克(2007)认为足球俱乐部的成功还应该考虑品牌价值以及俱乐部商业开发的能力。穆林·哈代和萨顿(2000)则认为足球发展不能忽视球员、教练、裁判、体育场等核心要素。

安德里科普洛斯和凯门纳基斯(2009)认为足球俱乐部的组织绩效不仅仅与得分和输赢有关，那些有助于俱乐部利益相关者目标实现的无形资源同样是俱乐部溢价的重要来源。在财务报表中无法呈现的俱乐部历史、球迷忠诚度，运动员天赋，管理团队经验这些无形要素，有助于解释俱乐部市场价值与账面价值之间存在的差异。为此，安德里科普洛斯和凯门纳基斯以智力资本理论为基础，通过构建单一指数——足球组织关联指数(Football Organisation Nexus Index，FOrNex)综合度量工具用于衡量上述无形资产之间的互动结果①。

鲍驰等人(2009)就认为一个运动项目的成功应该从以下几个方面

① Andrikopoulos, A. and Kaimenakis, N. Introducing FOrNeX: a composite index for the intangible resources of the football club, *Int. J. Sport Management and Marketing*, 2009 (5), 3:251 - 266.

加以衡量:第一,财政支持;第二,体育发展政策;第三,运动项目自身的质量;第四,运动项目后备力量储备(可以理解为后备力量培养系统);第五,运动员退役后的社会支持;第六,培训活动的保障条件;第七,培训人员的发展;第八,参加国际竞赛的机会;第九,体育领域的科学研究。

二、学术机构的研究

为了充分挖掘 2018 年足球世界杯以及 2020 年欧洲杯(因新冠肺炎疫情影响,赛事延期至 2021 年,为了纪念欧洲杯成立 60 周年,“2020 欧洲杯”名称保持不变),扩大俄罗斯足球研究在世界的影响力,俄罗斯普列汉诺夫经济大学体育管理与市场营销及战略体育研究中心采用综合评价指数——足球发展指数对国际足联所有成员国的足球发展水平进行的一项评估。评估的目的在于构建一个客观评价国家足球发展的评估模型,为全球足球发展的提供科学的测量工具,树立起足球发展的实践标杆,找到国家足球发展规划中的薄弱环节。

评估指标体系由球队比赛成绩、足球受欢迎程度、足球发展环境 3 个一级指标和 11 个二级指标构成。球队比赛成绩下设国家队成绩、职业俱乐部成绩以及国际足联排名三个二级指标。足球受欢迎程度包括参与足球运动人数占总人口比例,在国家足球协会注册的俱乐部数量,顶级联赛的观众平均上座率三个二级指标。足球发展环境包括注册球员数量占所有运动员人数的比例,在国家足协注册的持有国际足联裁判员证书的人数,持有国家足协颁发证书的教练员数量,足球场的容量,国家队的人数五个二级指标。

指数合成方法为:

$$R_{ij} = \sum_{i=1}^{n=11} P_{ij}, j = \overline{1, m}$$

其中, i 表示评价指标;

j 表示评价指标 i 的相对值;

P_{ij} 表示国家在 i 指标下的排名；

m 表示国家在 i 指标下的最大值。

根据计算结果，分值越低表示足球发展水平越高，排名前十位的国家分别是德国、法国、荷兰、英格兰、意大利、巴拉圭、西班牙、巴西、阿根廷、智利。按照最终指数得分低于 300，301－600，601－1000，1001－1700，1700 以上依次定级为 5 星级、4 星级、3 星级、2 星级以及 1 星级的标准，5 星级国家有 11 个，23 个国家位于 4 星级范围，39 个国家位居三星级范围，111 个国家位居 2 星级范围，25 个国家归属 1 星级范围。

第四节　世界足球发展评价分析与借鉴

如前所述，关于足球发展的评价主体包括了足球管理组织、第三方专业咨询机构以及单个的学者或学术团体。国际足联作为足球运动项目的最高管理机构一直在努力推动足球评价工作的开展。除了自身亲自参与外，还将一些重要的项目委托给了第三方专业管理咨询机构。由于不同主体的立场并不相同，其评价的视角存在差异，因而也为人们提供了从多个角度了解足球的机会，避免了受一方主体主导的片面判断。

为了适应新的发展形势，无论国际足联，还是德勤，抑或毕马威的评价指标和方法都在不断地进行调整和修订。在评价的维度上，国际足联以及第三方机构对足球的评价主要考虑到可操作性，其评价的维度主要立足于俱乐部或球队的某一个方面。要么基于国家队的比赛成绩，要么基于俱乐部的财务，要么基于球员的价值。但是，众所周知，一项事物的发展一定是多方面因素综合作用的结果。因而在进行评判时，学术界的维度选择则相对广泛，更加倾向于从多个层面展开评价，除了关注俱乐部财务收入，球队的球场表现等表现外，还注重纳入非财务性的指标，如管理经验、球迷忠诚等。

足球是世界第一大运动，其广泛的影响力吸引了社会的关注。但是对该项目进行评价却是一项具有挑战性的工作。评价主体需要遵循公正的态度以确保结果的客观性;评价指标的选择不能顾此失彼,力求见微知著展现事物的全貌;指标数据获取是实施评价的关键,数据缺失和数据异常都会对评价结果造成严重影响。从前述足球评价的梳理可以看出,第一,评价工作的开展需要多方共同参与。即便是第三方机构也不可能完成从指标设计到数据搜集以及报告撰写的全部工作。比如毕马威球员价值评估报告的球员球场表现的数据就由 Opta 体育数据公司提供。第二,评价指标是一个动态调整的过程。国际足联从最初设立男子国家足球队评价指标后,其计算的规则以及具体指标的内容一直在不断修订和完善中,其目的就是为了让评价结果更加接近真实水平,以保证评价的客观性。第三,评价视角因评价主体立场差异而存在不同。不同人看待事物的方式因为其出发点不同而存在差异。管理咨询机构更注重评价实施的可行性,因而在评价过程中对评价工作的可操作性,以及数据指标的易获取性考虑得更多,为了便于操作,在评价维度选择时通常仅关注足球发展的某个方面。学者则更多从理论层面对评价体系进行架构,对评价工作实施可行性的细节考虑较少,因而在评价视角上更加多元。

第三章　中国足球发展指数评价体系构建

第一节　构建步骤

构建综合指数指标体系是一项复杂的任务，其过程的每一步都影响评价结果的质量和可靠性。在国际经合组织(OECD,2008)编写的综合评价操作手册及Mazziotta & Pareto(2013)的研究中提出综合指标体系构建应包含以下几个步骤：

第一，定义待测对象。这一步骤应明确说明综合指数所衡量的是什么。

第二，选择评价指标。评价结果依赖于所选择的“解释”指标，指标应该根据相关性、可靠性以及数据可得性等原则进行选择。

第三，指标归一化。这一步骤的目的是使指标具有可比性。在进行任何数据合成之前都需要进行标准化，因为指标的数据通常有不同的度量单位。

第四，聚合归一化指标。这一步是选用合适的聚合方法将所有的指标数据进行计算，以形成一个或多个复合指数。

第五，验证指标。这一步骤旨在通过实证评估综合指数的稳健性以及其判别能力。

借鉴既有研究，本书将足球发展指数的构建分为以下几步：对象概念化,概念具体化,具体指标数据整理,指数合成。

一、对象概念化

要对某一现象进行评价,首先需要明确评价对象的内涵,这就需要对评价对象进行概念界定。概念是设计综合指数指标体系的逻辑起点。因而,在对足球发展进行评价时,首先需要明确足球发展是为了什么。足球作为世界上参与人数最多的体育运动项目,每个关心足球的人都能对足球进行一番评头论足,但遗憾的是这个被人们熟知的概念目前在学术文献中却尚无统一明确的界定①。此外,足球发展概念在理论上与实践工作中往往还有所区别,即便是理论上可能每个人对于足球发展概念的理解也不相同,这给概念界定带来了一定难度。本研究将足球发展视作体育发展的重要组成部分,即将其视作体育发展的一个子集,把足球发展的概念从体育发展的概念进行推延②。

那么,体育发展是什么呢?体育发展涵盖了广泛的领域,但根本上说就是促进人们参与体育运动和体育活动的机会③,包括体育参与政策、通过体育促进发展、体育自身发展以及体育传播与营销等具体的领域④。促进人们体育参与的过程涉及到广泛的利益相关者(政府机构,体育和非体育组织,运动员,教练等),并包含了健康促进到社会矛盾化解,以及

---

① Anatoly Vorobyev, Ilya Solntsev, Nikita Osokin(2017) *Football Development Index: Rationale, Methodology, and Application.* Published by Lexington Books, 1.

② Ilya Solntsev, Nikita Osokin. Approaches to setting weights in composite indicators of sports development: the case of the Football Development Index [J]. *Статистика и экономика т T.* 14. No 4. 2017.

③ Taks, Marijke; Green, B. Christine; Misener, Laura; and Chalip, Laurence. (2014). Evaluating sport development outcomes: the case of a medium-sized international sport event. *European Sport Management Quarterly*, 14 (3), 213-237.

④ Shilbury, Sotiriadou & Green (2008), Sport Development. Systems, Policies and Pathways: An Introduction to the Special Issue. *Sport Management Review*, 2008, 11, 217-223

促进教育、经济发展等多重目标①。由此，可将足球发展视作受多方利益主体影响（国家、国家和地区联盟、俱乐部、球员、管理人员、球迷），旨在促进人们积极参与足球运动，尽力让每个人都享有参与足球运动机会的过程②。伊利亚、尼基塔·奥孛金（2017）在对俄罗斯和国际足联成员国足球发展进行评价的过程中，从三个维度对其进行了评判，分别是球队比赛成绩、足球受欢迎程度和足球发展环境。

二、概念具体化

综合指数构建的核心是指标的选择，确定指标的过程便是概念的具体化过程。该过程旨在通过系列可观察、可测量的具体指标来指涉所要描述的概念。指标选取是在可能造成冗余的重叠信息和可能丢失信息风险之间进行权衡的结果，是一项颇具挑战性的工作，目前并没有选择评价指标的通用方法。由于资源的约束以及事物的不断变化，即便是权威机构投入大量人员和资金设计的指标体系也难做到无懈可击。如帕里托（2017）所言，世界上完美的评价指标体系是不存在的。实施过程中，研究者一般都基于理论和直觉，再依据特定的研究内容和研究目标，再结合专家知识对指标进行选择。

目前尚无专门针对足球发展的评价指标体系，本研究综合以下三种途径设计评价指标体系：一是既有的学术文献资料；二是各地区足球制订的足球发展政策文件；三是专家意见。既有的文献资料是构建初始指标池的重要来源，再结合专家意见对入选指标池的指标进行甄选和优化。

① Hylton, K., & Bramham, P. (Eds.) (2008). *Sport development: Policy, processes and practice* (*2nd ed.*). Abingdon, UK: Routledge.

② Hylton, K., & Bramham, P. (Eds.) (2008). *Sport development: Policy, processes and practice* (*2nd ed.*). Abingdon, UK: Routledge.

三、指标数据整理

确定评价指标后并非“大功告成”,还需要对指标的数据进行整理和清洗。涵盖了特殊值的处理,数据归一化和权重设置等环节。由于中国足球数据统计以及信息公开工作还很不完善,许多重要的数据都难以通过公开渠道获取。即使是实地走访调查时,管理部门也因为忌惮公众质疑而对一些数据进行隐瞒或者篡改。数据收集过程中常见的问题有数据不完整和数据异常。当数据不完整时,需要采用一定的方法对缺失数据进行处理,常见的方法有删除样本、单独插补或多重插补。数据异常时,需要对奇异值通过峰度或偏度检验法进行处理。无论是哪一种方法无疑都会给评价结果带来偏差。

因为指标数据通常有不同的度量单位和度量范围,为了使指标具有可比性,在聚合之前需要进行数据规范化处理,也称作数据标准化或归一化。如果不进行归一化,综合指数将偏向于范围较大的变量,造成综合评价结果的偏差。因此,必须将指标数据转化为无量纲的数字,使它们达到相同的标准。规范化的另一个原因是一些指标可能与待测对象正相关,而另一些可能与待测对象负相关,通过对指标进行规范化,以便归一化指标顺应综合指数变化的方向。

四、权重计算

由于纳入评价指标体系中的每一个指标对所评价对象的重要程度存在差异,因此,在评价过程中,必须对每一指标的重要程度及实现的作用加以量化①,该过程就是为评价指标赋权的过程。赋权方法分为主观赋

① 谢婼青. 专家咨询约束下综合评价指标体系构建的研究及应用[D]. 上海:上海社会科学院博士论文,2016.

权和客观赋权两种。常见的方法有德尔菲法,也可以采用主成分分析、因子分析、层次分析等。人们通常认为客观赋权法由于避免了主观性判断的影响,因而计算出的权重比主观赋权更加合理。但是有学者认为,权重的合理性不应当以选用的方法作为标准进行评判,而应该以是否准确反映该指标的真实重要程度为依据①。

五、指数聚合

常见的多指标聚合方法有线性加权合成法和非线性加权合成法。线性合成法又称作加法合成法,其基本公式为:

$$y = \sum_{j=1}^{m} w_j x_j$$

y 是被评价对象的综合评价值; w_j 是第 j 个评价指标相应的权重系数; x_j 是第 j 个指标值; $0 \leqslant j \leqslant m$;

$$\sum_{j=1}^{m} w_j = 1$$

非线性加权合成法又称乘法合成法,公式如下:

$$y = \prod_{j=1}^{m} x_j^{w_j}$$

y 是被评价对象的综合评价值; w_j 是第 j 个评价指标相应的权重系数; x_j 是第 j 个指标值; $0 \leqslant j \leqslant m$;

$$\sum_{j=1}^{m} w_j = 1 \text{ 。}$$

上述两种指数合成方法各有特点。首先,从指标的补偿看,线性加权合成法可实现指标间的补偿,即某些较小的指标值可因为另一些较大的指标值的拉动进而实现评价结果的提升,这是非线性合成法难以实现的。其次,从指标间关系看,线性加权合成法要求指标相对独立,非线性合成

① 苏为华.我国多指标综合评价技术与应用研究的回顾与认识[J].统计研究,2012(8):98-107.

法指标可以相关。再次,从计算复杂程度看,线性加权合成法相较于非线性合成法计算更为简便,因而更利于推广。最后,从指标的要求看,线性加权合成法对指标数据无要求,非线性加权合成法要求数据大于或等于1。当然,现实中并无一个绝对完美的多指标指数聚合方法,不同的合成方法都是立足于不同的角度对评价对象做出的某种估计。评价过程中需要根据评价对象的特点以及不同合成方法的特点进行匹配性选择。鉴于本研究的评价对象足球发展的评价指标间的独立性较强,为了计算的简便性,后面的实证分析过程中将采用线性加权合成法进行指数聚合。

第二节　中国足球发展指数评价指标体系

足球运动改革与发展是一项复杂的系统工程,也是一项长期而艰巨的任务①。虽然近年来各级部门按照统一部署,在打击假黑赌、净化足球环境、建章立制、发展青少年足球、规范职业足球、加强国家队建设等方面推出新举措,取得了一定成效,提振了广大运动员、教练员和社会各界推动足球改革发展的信心。但目前足球改革与发展整体上还处在量变阶段,解决中国足球发展暴露的问题,需要系统思维与权变思维相结合②。中国足球发展不仅受制于球员球场实力、教练员执教水平等主观因素,还受制于管理制度、后备力量以及支撑其发展的社会经济环境等客观因素。介入足球发展的变量多种多样且不断变化,仅从某一因素对其加以评判难以描述发展的结果。由此可见,中国足球发展评价体系构建需要立足系统性思维观。足球发展的域外研究为中国足球发展评价提供了很好的参考,但由于中国足球所处的环境与国外不同,国际足联和第三方机构的

---

① 国家体育总局,国家体育总局体育文化发展中心. 中国体育年鉴(2012)[M]. 北京:中国体育年鉴社,2013:61.

② 鲍明晓. 足球改革进程中深层次制约因素及化解策略[J]. 北京体育大学学报,2019,42(11):10-22.

评价关注的足球俱乐部营收状况,因国内俱乐部财务信息公开程度不足,在评价实施过程中可能因为数据获取受限而影响可操作性。如果将国外研究中设计的评价指标直接运用于中国足球发展评价,必然导致与中国足球发展阶段不相符以及发展理念不相容的矛盾。

一、评价维度

由于尚无现成的路径供借鉴和参考,选用系列指标并把这些指标整合为一个一目了然的指数对足球发展现状进行评估是一项极具挑战性的工作。加之足球发展是多因素交织的复杂过程,将足球发展归结为某个单一因素从而进行简单因果关系分析,忽略足球系统的整体性特征的做法必然导致判断的片面性。为此,依照综合指数的构建步骤,在咨询专家意见的基础上,参考《中国足球改革发展总体方案》和《中国足球中长期发展规划(2016—2050年)》以及地方出台的有关政策文件,并结合足球发展实际构建指标体系。

2015年2月发布的《中国足球改革发展总体方案》中,从调整改革中国足球协会、改革完善职业足球俱乐部建设和运营模式、改进完善足球竞赛体系和职业联赛体制、改革推进校园足球发展、普及发展社会足球、改进足球专业人才培养发展方式、推进国家足球队改革发展、加强足球场地建设管理、完善投入机制、加强对足球工作的领导11个方面50条具体内容在宏观上对中国足球未来发展提出了总体的思路、要求和发展方向。

2016年4月发布的《中国足球中长期发展规划(2016—2050年)》作为中国足球发展史上首次由多部委联合发布的纲领性文件,被业界称为"史上最高规格"的足球发展规划①,标志着足球改革进入了最高决策层视野,为中国足球发展提供了明确的目标定位。该文件从"构建制度体

① 王煜.中国足球,未来35年解读《中国足球中长期发展规划(2016—2050年)》[J].新民周刊月 2016:18.

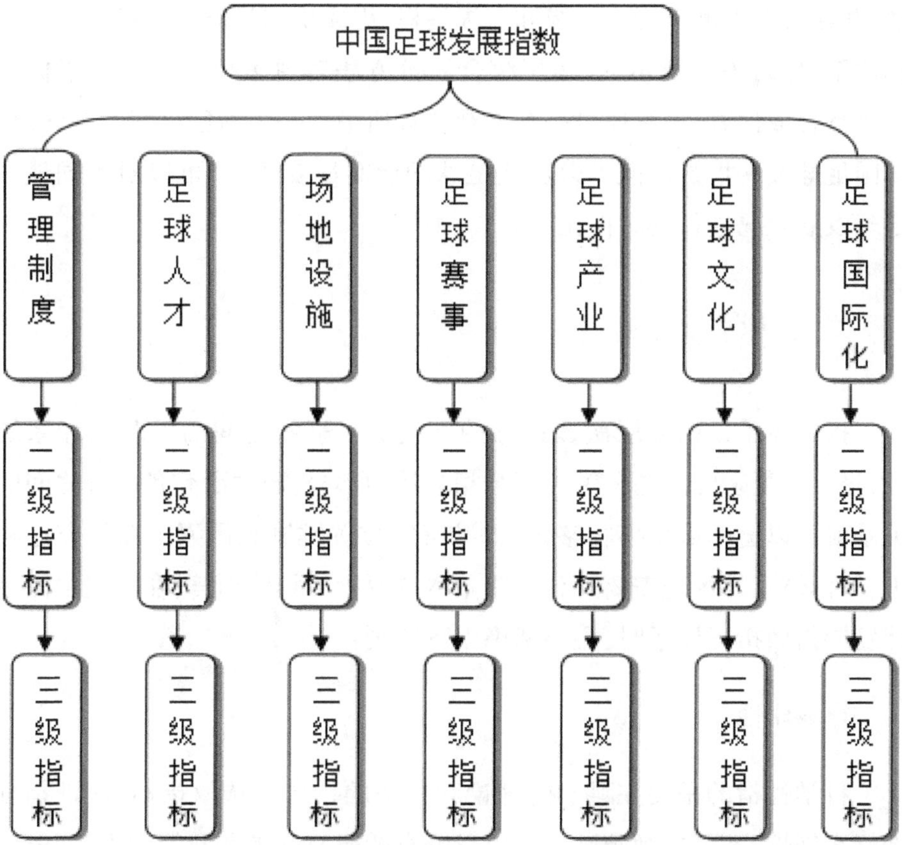

图 3-1　中国足球发展指数评价指标体系结构

系、培养人才队伍、建设场地设施、丰富赛事活动、壮大足球产业、培育足球文化、促进足球开放”七个方面明确指出了未来中国足球应该达成的目标。足球发展包含丰富的内涵,尽管七个方面的目标任务难以穷尽足球发展的方方面面,但是七项任务无疑是当前中国足球改革发展应该首先重视和落实的内容,也是对各地足球管理职能部门的基本工作要求,也是中国足球实践工作的主要着力点。七大任务是足球工作的主要构成要素,为现实中足球发展成效评估提供了基础。

因此,本研究以《中国足球中长期发展规划(2016—2050 年)》确定的七个足球目标任务作为评价维度,从管理制度、足球人才、场地设施、足球赛事、足球产业、足球文化、足球国际化七个维度构建中国足球发展指数,并在每个维度下确定二级和三级指标,组成中国足球发展指数评价指标体系,如图 3-1 所示,并运用综合评价方法对由多指标支撑的指标体系进行合成计算,最终通过一个直观的数值呈现一个地区足球发展状况。中国足球发展指数不但可以反映足球的历时性变化,还可以对不同地区足球发展状况进行共时性比较。

二、指标选取原则

指标体系是以多层次多指标的方式揭示事物之间的关联性和系统性,将一个复杂的问题分解为多个相联系的部分,通过研究各部分之间的关系就可以透彻认识事物整体,并准确定位关键制约因素。在研究过程中,指标体系的构建需要符合一些基本的原则。具体而言,在构建中国足球发展指数指标体系时,主要考虑以下原则:

1. 科学性

科学性指的是要在科学的理论和方法的指导下选取指标,保证指标选择客观性,不可主观臆断。可以以既有的研究成果和政策文本为基础,找到合适的评价维度,然后基于评价维度,分别设置不同层级的评价指标。另外,对同一层次的指标,应该满足可比性的原则,即具有相同的统计口径、计算方式,指标取值时尽量采用相对值而非绝对值。

2. 代表性

代表性指的是哪些指标可以用。中国足球发展涉及的范围较广,需要从多个维度获取不同指标的信息。能够体现中国足球发展的指标非常多,但是指标能否纳入评价,不可以主观认定。因为,过多的指标不仅给评价造成混乱,同时还会影响其他指标的权重,对评价结果的真实性造成影响。较少的指标又会导致信息缺失,对评价结果的全面性造成影响。因此,在选择指标时一方面需要考虑中国足球发展的实际,另一方面可结合相关的定量分析方法对指标进行筛选，尽量挑选一些能切实反映中国足球发展实际状况的代表性指标。

3. 可操作性

构建评价指标的目的就是为了运用于实践操作中，因而指标体系应该尽可能简单、精炼，且便于数据采集。在不影响评价结果的前提下，可操作性强的指标可以缩短并简化计量、处理、评定等测评工作，提高评价的工作效率。

4. 数据可获取性

数据可获取性是指选取的指标信息可以用数据量化的形式表示，并且数据可以通过一定的方法手段获得。一些量化的指标须以相关的数据作为支撑，这是进行评价的关键。对于一些感知类的主观指标，可以采用李克特量表等方式，实现对定性指标的定量化评价。有些指标在理论上可行，但是缺乏数据来源，或者能取得数据但是可信程度低，在计算时只能暂时舍弃。

三、备选指标池构建

评价维度（一级指标）是对足球发展的抽象概括，难以直接观测和量化，因此还需要进一步转化分解为可测性的指标。指标选取是综合评价研究的难点，也是重点。由于目前缺乏可供参考的足球发展评价指标体系，本研究在遵循评价指标体系构建一般性原则的基础上，首先对足球评价方面的学术文献以及地方政策文件进行收集整理，提取与足球发展评价相关的指标，形成指标池。然后，综合听取专家意见，对指标进行筛选和优化，形成最终指标。

指标池构建主要从政府部门出台的足球发展政策文件以及学者关于足球发展评价以及足球发展影响因素的学术文献进行信息筛选。地方政策文件通过北大法意网，以“足球发展”为标题，并将政策文件颁布时间限制在2015年3月(中国足球改革发展总体方案颁布)至2020年7月进行查找，最终得到的文件记录数为129条，剔除掉一些部门内部足球比赛竞赛规程通知、足球比赛活动参赛须知、场地设施采购招标公告等与研究主题相关度低的文件后，最终获得的与地方足球改革发展文件的有效记录共计62条。此外，在国家足球改革发展总体方案出台后，31个省市自治区人民政府办公厅均颁布了地区足球改革发展实施方案，实施方案是部署地区足球工作的重要政策文件，是衡量足球发展效果的重要依据，也是足球发展指数备选指标池构建的重要来源。综合来看，各地足球发展实施方案主要是在国家层面的总体方案的基础上所进行的细化，包括足球协会改革、足球专业人才培养、足球赛事体系完善、足球产业开发、足球场地设施建设、校园足球推广、社会足球普及、职业俱乐部发展、足球发展经费来源、足球文化培育、加强足球合作交流等多个方面，见表3-1所列。

表3-1　中国足球改革发展相关的政策文件

文件名称	政策要点	颁发部门	颁发时间
《中国足球改革发展总体方案》	提出足球发展短期、中期、长期目标； 中国足球协会改革 职业足球俱乐部建改革 足球竞赛和职业联赛改革 校园足球改革 社会足球普及 足球专业人才培养方式改进 国家足球队改革 足球场地设施建设管理 足球发展投入 足球工作管理与领导	国务院办公厅	2015年3月

续表

文件名称	政策要点	颁发部门	颁发时间
中国足球中长期发展规划（2016—2050年）	提出中国足球保基本、强基层、打基础三个阶段的发展目标 科学构建足球管理制度体系 培养足球后备人才的专业人才队伍 建设足球场地设施 丰富足球赛事活动 大力发展足球产业 培育足球文化 促进足球对外开放	国家发展改革委、国务院足球改革发展部际联席会议办公室（中国足球协会）、体育总局、教育部	2016年4月
全国足球场地设施建设规划（2016—2020年）	充分利用公园绿地、闲置厂房、校舍场地、社区空地拓展足球场地 修缮改造既有场地设施 结合城乡规划，新增扩容足球场地设施 多渠道筹措建设资金（公共财政、社会资本、公共财政与社会资本结合） 加大校园足球场地以及政府投资兴建的场地社会上开放力度 引导厂矿和机关事业单位等社会场地对社会开放	国家发展改革委、体育总局、教育部、国务院足球改革发展部际联席会议办公室	2016年5月
浙江省足球中长期发展规划（2016—2050年）	增建足球场地 增加足球活动人口 构建特色足球文化	浙江发展改革委、浙江省体育局、浙江省教育厅、浙江省足球改革办公室	2017年5月
福建省足球中长期发展规划（2016—2050年）	加强管理制度建设 增加足球人口数量 扩大足球场地基础设施 增加特色足球学校数量 培养足球人才 组织足球赛事活动 壮大足球产业规模 培育足球文化 促进足球交流合作 加大资金扶持，落实税收价格优惠 加强足球宣传推广	福建省足球改革发展联席会议办公室、福建省发改委、福建省体育局、福建省教育厅	2017年1月

续表

文件名称	政策要点	颁发部门	颁发时间
内蒙古自治区足球中长期发展规划（2016—2050年）	完善足球竞赛体制 加强足球专业人才队伍建设 加强专业足球训练基地和足球场地建设,提高场地设施利用率 丰富赛事活动 加快足球产业发展 培育足球文化 加强组织配套保障设施	内蒙古自治区人民政府办公室	2016年12月
广东省足球中长期发展规划(2017—2050)	构建广东省特色足球管理体制 提高足球竞技水平 培养足球后备人才 普及校园足球 繁荣社会足球 完善竞赛体系 培养专业人才 建设场地设施 培育足球文化及产业 促进足球对外开放与交流 强化组织保障	广东省发展改革委、广东省体育局、广东省教育厅、广东省足球协会	2017年4月
河北省足球中长期发展规划（2016－2050）	深化足球改革 培养足球人才队伍 加快足球场地设施建设与共享 完善赛事体系丰富赛事活动 发展足球产业 培育足球文化 推动足球运动协同发展 完善财政金融投入机制	河北省发展改革委、河北省省足球改革发展联席会议办公室、河北省体育局、河北省教育厅	2017年2月

足球发展的成功是多种因素驱动的结果,因此,在备选指标池构建过程中,还参阅了足球发展影响因素的文献,如表3-2所列。此外,有关足球发展效率及效果评价文献,如表3-3所列。其中既有的指标已经经过研究者的论证,具有一定的科学性和合理性,理所当然应该作为备选指标池的来源。

表 3-2 足球发展影响因素学术文献

影响因素	文献来源
经济、人口、文化、气候	Hoffman, Ging 和 Ramasamy(2002)
足球传统、足球运动员数量	Macmillan and Smith (2007)
足球运动员数量、国家队中外籍球员的比例	Gelade and Dobson (2007)
国家制度、殖民传统、政治自由、加入国际足联的时间、国家足球队在国际大赛上的表现	Leeds and Leeds (2009)
居民休闲能力、居民收入水平	Robert G. Houston &Dennis P. Wilson (2010)
国家治理水平、足球培训、足球管理人员敬业程度、青少年足球发展	Jacobs (2014)
地区经济发展水平、足球人口、政策	Gregory T. Papanikos. (2017);
地区经济发展水平	A. Vorobyev, E. Zarova, I. Solntsev, N. Osokin, V. Zhulevich (2016)
地区经济发展水平、气候、医疗保健水平	J. Manuel Luiz and R. Fadal(2011)
经济发展水平、主要足球基地气温、足球普及程度、举办大型国际赛事经历、地区文化对足球的亲近感	刘福安,李笋南(2004)
足球人力资源(业余球员、职业球员、后备人才、教练员、裁判员、球迷)	谢松林等(2019)

表 3-3 足球发展评价学术文献

评价维度	评价指标	文献来源
球队成绩	国际足联排名/可口可乐	Lasek, Szlavik, Bhulai (2013)
	全国女足排名	
	世界足球联合会排名	
	足球选拔结果	Ilya Solntsev, Nikita Osokin (2017)
	男子沙滩足球结果	
	国际足联青年和青年世界锦标赛的结果	

续表

评价维度	评价指标	文献来源
足球可持续发展政策	有一份关于足球的长期发展方向的文件	Chappelet,Mrkonjic(2013)
	在一年内,参加足球相关工作的志愿者人数	Kolyperas, Morrow, Sparks (2015)
俱乐部表现	俱乐部赛事积分排名	Ilya Solntsev,Nikita Osokin (2017)
	球员表现、球迷忠诚度、俱乐部比赛成绩	Nikolaos Kaimenakis Andreas Andrikopoulos(2009)
	俱乐部财务表现、俱乐部赛事表现	D Plumley, R Wilson, G Ramchandani(2017)
财政支持	国家足球发展计划预算	Bosscher 等(2009)
	国家足球发展补贴	
大众足球	参加足球比赛的人数	Frick,Wicker(2015)
	业余俱乐部的数量	
	球迷协会组织的数量	
运动员退役保障	退役运动员和教练接受继续教育和培训项目	Ilya Solntsev,Nikita Osokin (2017)
	为退役球员设立的资金支持	
球迷参与度	上座率	Baranzini Ramirez Weber(2008) Severgnini(2012)
	比赛收视率	
	社交媒体官方网站用户数量	Perez, Bolivar, Hernandez, (2012)
基础设施	足球院校数	Hollyman 等(2012)
	室外足球场地数量	
	足球场馆数量	

续表

评价维度	评价指标	文献来源
技术人员	教练	Bosscher 等(2009)
	裁判员	Ilya Solntsev,Nikita Osokin (2017)
	行政管理人员	
	安保人员	
足球赛事	国际足球比赛	Bosscher 等(2009)
	地区足球比赛	Ilya Solntsev,Nikita Osokin (2017)
后备人才	国家队的人数	
	18 岁以下球员数量	
科学研究	足球研究资金	Bosscher 等(2009)
	足球研究项目数量	
	从事足球研究人员的数量	
校园足球	校园足球育人、校园足球普及、文化学习与足球技能、青少年足球人才规模化成长、师资队伍、制度与管理保障	李玲等(2017;2019)
	管理、人事、效益、比赛、安全、观念	周兴生,谭嘉辉(2017)
	社会、人口、经济、资源、协调	蒲鸿春(2019)

综合既有的文献资料发现,足球发展除了与教练员、裁判员、运动员等相关联外,还受到场地设施、组织管理等外部条件的影响。因此,要对一个地区的足球发展水平进行评价需要综合考虑不同的影响因素,为使评价指标体系具有实际操作性,在设计备选指标体系时以《中国足球中长期发展规划(2016—2050 年)》提出的未来足球发展的目标任务作为依据,设计了组织管理等 7 个评价维度(一级指标),23 个二级指标和 113 个三级指标的中国足球发展指数评价指标体系和备选指标池,见表 3-4 所列。

表 3-4　中国足球发展指数评价指标体系备选指标池

评价维度	二级指标	三级指标
1. 组织管理	1. 1 机构建设	管理机构的独立性
		管理机构专职、兼职工作人员数量占比
		管理机构规模
		管理层多学科背景人员的结构比例
		民众对机构服务的满意度
		管理机构对足球发展评价调查的配合度
	1. 2 政策制度	包含有足球发展的政策文件数量
		不同部门联合参与发文数量
		出台政策部门的级别
		政策制订过程中的民众参与度
		政策文件内容的有效性
		有足球中长期发展规划文件
		利益相关者对政策措施的满意度评价
	1. 3 财政支持	足球发展补贴
		足球发展财政预算

续表

评价维度	二级指标	三级指标
2. 人才培养	2.1 后备人才	校园特色足球学校数量
		校园特色足球学校足球活动举办次数
		校园特色足球学校足球活动参与人数
		校园足球特色学校专职足球教练员数量
		校园足球特色学校兼职足球教练员数量
		开设足球专业人才高校数量
		注册的 18 岁以下球员数量
		为上一级足球管理机构输送运动员人数
	2.2 教练员	在管理机构登记注册的教练员数量
		教练员执教水平
		教练员培训活动次数
		教练员培训参训人次
	2.3 裁判员	登记注册的裁判员数量
		裁判员培训活动次数
		裁判员培训参与人次
	2.4 职业运动员	登记注册足球运动员人数(18 岁以上)
		足球运动年龄结构
		本土、外籍球员比例
		为职业运动员退役后提供的社会支持
		各职业俱乐部球员入选国家队人数
	2.5 经营管理人才	足球经纪人数量
		从事足球经营管理工作人员数量

续表

评价维度	二级指标	三级指标
3. 场地设施	3.1 场地设施供给	足球场地数量 （含五人制、七人制、龙式足球等非标准化足球场地）
		足球场地面积 （含五人制、七人制、龙式足球等非标准化足球场地）
		场地面积增长率 （含五人制、七人制、龙式足球等非标准化足球场地）
	3.2 场馆经营开发	场馆文化传承
		场馆经营状况
		场馆社会服务
		社会对场馆服务的满意度

续表

评价维度	二级指标	三级指标
4. 足球赛事	4.1 职业足球赛事	参赛球队数量
		门票收入
		赞助收入
		媒体转播收入
		捐赠收入
		特许商品及纪念品销售收入
		中央及地方媒体参与赛事直播、转播场次
		中央及地方媒体报道的信息数量
		比赛收视率
		足球俱乐部社交媒体官方网站用户数量
		参与报道媒体机构数量
		参与报道媒体机构级别
		赞助商数量
		场均观众上座率
	4.2 大众足球赛事	民间草根足球俱乐部数量
		民间草根足球俱乐部举办的业余比赛次数
		业余比赛参加球队数量
		业余比赛参赛运动员人数
		校园足球比赛的举办次数
		校园足球比赛参加球队数量
		业余俱乐部数量
		球迷协会组织数量
		业余赛事参赛人数
		校园足球比赛参赛运动员人数

续表

评价维度	二级指标	三级指标
5. 足球产业	5.1 职业俱乐部经营	职业俱乐部资金来源结构
		职业俱乐部投资额
		职业俱乐部盈亏情况
		职业俱乐部履行社会责任情况
		职业俱乐部球员转会收支情况
	5.2 足球中介服务	从事足球中介服务（包括广告制作、发布、代理、足球赛事策划等）机构数量
		足球中介服务（包括广告制作、发布、代理、足球赛事策划等）机构从业人数
	5.3 足球保险	职业运动员参保人数
		职业运动员参保金额
	5.4 足球彩票	足球彩票销售机构数量
		足彩彩票销售收入
	5.5 足球培训	各类足球培训机构数量
		足球培训机构从业人员数量
	5.6 足球用品制造与销售	足球用品制造企业数量
		足球用品制造企业经营情况
		足球用品销售商数量
		足球用品销售商营收情况

续表

评价维度	二级指标	三级指标
6. 足球文化	6.1 文化建设	足球比赛赛风赛纪状况
		赛事期间是否有相对固定的仪式（如开闭幕式或其他表演）
		职业俱乐部是否设立了足球运动章程、规则
		俱乐部是否有队旗、队歌、标志和统一设计的队服
		足球相关的理论研究成果数量
		足球展览馆、博物馆、名人堂、邮票等纪念足球发展的产品开发情况
	6.2 文化传播	地方足协或足球管理中心是否有专门的网站
		职业俱乐部是否有专门的网站
		足协或足球管理中心网站信息的全面性
		足协或足球管理中心网站信息的时效性
		从事足球相关科学研究人员数量
		足球研究资金
		国家级足球研究项目数量
		参加足球相关工作的志愿者人数
		是否有专门的足球论坛等在线网络交流平台
		拥有的足球杂志报纸资料种类

续表

评价维度	二级指标	三级指标
7. 足球国际化	7. 1 人才交流	中方人员在国际足球组织任职人数
		外方人员在国内足球机构任职人数
		中方人员在洲际足球组织任职人数
		引进外籍球员人数
		引进外籍教练员人数
		引进外籍球队服务人员
		本土球员输出人数
		本土教练员输出人数
	7. 2 资本流动	境内资本在国外足球领域投资额
		足球领域境外资本引入总量
	7. 3 活动交流	中外足球交流活动次数
		中外足球交流活动参与人次

四、指标筛选与优化

基于既有文献资料构建的备选指标池只是粗糙的指标集合。为使指标更具合理性和规范性,研究采用了专家咨询法对指标进行进一步筛选与优化。专家咨询共进行了两轮,两轮征询均采用集中会议讨论方式。第一轮征询的专家学者人数共计 11 人,见表 3-5 所列。入选专家主要来自高校,均是多年一直关注中国足球发展的研究人员,或主持过职业足球改革研究项目,或公开发表过足球研究相关论文,对中国足球发展有较为深刻的思考和认知。第一轮专家征询主要集中讨论:备选指标池中评价维度和指标在中国足球发展中的适用性(维度及指标是否符合中国足球发展背景);指标适用性(指标是否适合不同地区足球发展的实际);指标规范(从不同区域获取的指标数据是否具有可比性);数据可靠性(指标是否存在重复反映同一情况的现象)。集中讨论结束后,项目组成员与专家现场进行了沟通了交流,获取了初始指标构建的宝贵的意见和建议。

表 3-5　参与初始评价指标体系构建讨论专家基本情况

	项目	人数	百分比(%)
年龄分布	40 岁以下	8	73
	40~50 岁	2	18
	50 岁以上	1	9
学历	硕士	1	9
	博士(含在读)	10	91
职称	正高	4	36
	副高	6	55
	讲师	1	9

1. **专家对初始指标体系的建议:**

第一轮专家讨论形成的意见主要集中在以下几个方面:

第一,有效区分指标体系中不同级别评价指标之间的递进性。

第二,同级指标尽量做到不包含不重复。

第三,尽可能选择可操作性强的三级指标。

第四,在足球统计工作较滞后的情况下,需要考虑指标数据的可得性。

第五,为了促进足球良性可持续发展,可考虑适当纳入惩罚性评价指标。

综合第一轮专家意见,项目组对部分指标进行了增加、修改与删除,并对一些观测值可能存在重复性的指标进行了合并与修正。为了增强评价指标的监督作用,避免实践中的短期功利性行为,在评价指标中增加了"一票否决"评价项,以促进足球健康可持续发展。同时,为了充分发挥足球发展指数的实践性和可操作性,评价维度以《中国足球中长期发展规划(2016—2050 年)》中确立的七大任务目标为依据,在七个目标任务下延伸,再确立中国足球发展指数初始评价指标体系的二级和三级评价指标,确立的初始评价指标体系见表 3-6 所列。其中包括 7 个一级指标(评价维度)、23 个二级指标、97 个三级指标。

表 3-6 中国足球发展指数初始评价指标体系

一级指标	二级指标	三级指标
1. 管理制度	1.1 管理机构	管理机构的独立自主性
		管理机构专职、兼职工作人员数量占比
		管理层多学科背景人员的结构比例
		民众对管理机构工作的满意度
		管理机构对足球发展评价调查的配合度
	1.2 政策措施	包含有足球发展的政策文件数量
		不同部门联合发文数量
		出台政策部门的级别
		政策制订过程中的民众参与度
		政策文件内容的有效性
		利益相关者对政策措施的满意度评价
2. 人才培养	2.1 后备人才	校园特色足球学校数量
		校园特色足球学校足球活动举办次数
		校园特色足球学校足球活动参与人数
		校园足球特色学校专职足球教练员数量
		校园足球特色学校兼职足球教练员数量
	2.2 教练员	在管理机构登记注册的教练员数量
		教练员执教水平
		教练员培训活动次数
		教练员培训参训人次
	2.3 裁判员	登记注册的裁判员数量
		裁判员培训活动次数
		裁判员培训参与人次
	2.4 职业运动员	登记注册足球运动员人数
		足球运动年龄结构
		本土、外籍球员比例
		各职业俱乐部球员入选国家队人数

续表

评价维度	二级指标	三级指标
	2.5 经营管理人才	足球经纪人数量
		从事足球经营管理工作人员数量
3. 场地设施	3.1 场地设施供应	万人均足球场地数量（含五人制、七人制、龙式足球等非标准化足球场地）
		万人均足球场地面积（含五人制、七人制、龙式足球等非标准化足球场地）
		场地面积增长率（含五人制、七人制、龙式足球等非标准化足球场地）
	3.2 场馆经营开发	场馆文化传承
		场馆经营状况
		场馆社会服务
		社会对场馆服务的满意度

续表

评价维度	二级指标	三级指标
4. 足球赛事	4. 1 职业足球赛事	参赛球队数量
		门票收入
		赞助收入
		媒体转播收入
		捐赠收入
		特许商品及纪念品销售收入
		中央及地方媒体参与赛事直播、转播场次
		中央及地方媒体报道的信息数量
		参与报道媒体机构数量
		参与报道媒体机构级别
		赞助商数量
		场均观众上座率
	4. 2 非职业足球赛事	民间草根足球俱乐部数量
		民间草根足球俱乐部举办的业余比赛次数
		业余比赛参加球队数量
		业余比赛参赛运动员人数
		校园足球比赛的举办次数
		校园足球比赛参加球队数量
		校园足球比赛参赛运动员人数

续表

评价维度	二级指标	三级指标
5. 足球产业	5. 1 职业俱乐部经营	职业俱乐部资金来源结构
		职业俱乐部投资额
		职业俱乐部盈亏情况
		职业俱乐部履行社会责任情况
		职业俱乐部球员转会收支情况
	5. 2 足球中介服务	从事足球中介服务(包括广告制作、发布、代理、足球赛事策划等)机构数量
		足球中介服务(包括广告制作、发布、代理、足球赛事策划等)机构从业人数
	5. 3 足球保险	职业运动员参保人数
		职业运动员参保金额
	5. 4 足球彩票	足球彩票销售机构数量
		足彩彩票销售收入
	5. 5 足球培训	各类足球培训机构数量
		足球培训机构从业人员数量
	5. 6 足球用品制造与销售	足球用品制造企业数量
		足球用品制造企业经营情况
		足球用品销售商数量
		足球用品销售商营收情况

续表

评价维度	二级指标	三级指标
6. 足球文化	6.1 文化建设	足球比赛赛风赛纪状况
		赛事期间是否有相对固定的仪式（如开闭幕式或其他表演）
		职业俱乐部是否设立了足球运动章程、规则
		俱乐部是否有队旗、队歌、标志和统一设计的队服
		足球相关的理论研究成果数量
		足球展览馆、博物馆、名人堂、邮票等纪念足球发展的产品开发情况
	6.2 文化传播	地方足协或足球管理中心是否有专门的网站
		职业俱乐部是否有专门的网站
		足协或足球管理中心网站信息的全面性
		足协或足球管理中心网站信息的时效性
		是否有专门的足球论坛等在线网络交流平台
		拥有的足球杂志报纸资料种类
		职业俱乐部是否有微信、微博或移动端手机软件等信息传播渠道

续表

评价维度	二级指标	三级指标
7. 足球国际化	7.1 人才交流	中方人员在国际足球组织任职人数
		外方人员在国内足球机构任职人数
		中方人员在洲际足球组织任职人数
		引进外籍球员人数
		引进外籍教练员人数
		引进外籍球队服务人员
		本土球员输出人数
		本土教练员输出人数
	7.2 资本流动	境内资本在国外足球领域投资额
		足球领域境外资本引入总量
	7.3 活动交流	中外足球交流活动次数
		中外足球交流活动参与人次
一票否决	城市出现足球管理机构发生腐败、运动员身份造假、球场暴乱、经营企业违规经营等造成社会不良影响的情况	

第二轮专家意见利用国务院足球发展部际联席会议招标项目预审论证会的机会,向来自政府职能部门从事足球管理的一线工作人员征询意见。第二轮专家讨论后针对指标设计提出了以下建议:第一,考虑可操作性及数据收集的可行性,三级指标可适当减少;第二,明晰各级指标之间的区分度,并保持指标口径一致。综合专家意见,对初始评价指标体系进行了调整,将用于评价足球赛事传播的四个三级指标(中央及地方媒体参与赛事直播、转播场次、中央及地方媒体报道的信息数量、参与报道媒体机构数量、参与报道媒体机构级别)进行了整合,用“赛事传播影响力”指标进行替代。去掉了足球文化传播下的“职业俱乐部是否有微信、微博或移动端手机软件等信息传播渠道”指标。将足球国际化维度下的“中方人员在国际足球组织任职人数”“外方人员在国内足球机构任职人数”“中方人员在洲际足球组织任职人数”三个三级指标进行了整合为

“管理机构中拥有海外学习、工作背景的人数”。最终评价指标体系包括7个一级指标，23个二级指标，64个三级指标，见表3-7所列。

表3-7 中国足球发展指数评价指标体系

一级指标	二级指标	三级指标
1. 组织管理 *	1.1 机构设置	是否有专门的足球事务管理部门
		办事章程的完备性
	1.2 资源配备	足球工作经费投入数量
		管理人员中拥有本科以上学历者比例
		管理者每年接受文化教育、新出台法律政策培训时间
	1.3 管理行为	35岁以下年轻人所占比例
		制定足球发展相关的政策文件数量
		信息发布的及时性
		管理机构对评价考核工作调查的配合度
		民众对管理部门工作的满意度

续表

评价维度	二级指标	三级指标
2. 人才培养	2.1 后备人才	足球学校数量(含校园足球特色学校、民间足球学校与专业足球学校)
		青少年足球运动员人数
		校园特色足球学校足球赛事活动参与人数
	2.2 教练员	校园足球特色学校足球教练员数量(含专兼职人员)
		在管理机构登记注册的教练员数量
		教练员培训活动次数
		教练员培训参训人次
	2.3 裁判员	登记注册的裁判员数量
		裁判员培训活动次数
		裁判员培训参与人次
	2.4 职业运动员	登记注册足球运动员人数(不含青少年)
		本土、外籍球员比例
		各职业俱乐部球员入选国家队人数
3. 场地设施	3.1 场地设施供应	足球场地数量(含五人制、七人制、龙式足球等非标准化足球场地)
		足球场地面积(含五人制、七人制、龙式足球等非标准化足球场地)
		当地政府对场地设施财政补助支持情况
	3.2 场馆经营开发	场馆经营状况
		场馆社会服务
		社会对场馆服务的满意度

续表

评价维度	二级指标	三级指标
4. 足球赛事	4.1 职业赛事	参赛球队数量
		足球竞赛表演收入
		赛事传播影响力
		场均观众上座率
	4.2 非职业赛事	民间足球俱乐部数量
		民间足球俱乐部运动员人数
		民间足球俱乐部举办的业余比赛次数
		民间业余比赛参加球队数量
		民间业余比赛参赛运动员人次
5. 足球产业	5.1 职业俱乐部经营	职业俱乐部投资额
		职业俱乐部盈亏情况
		职业俱乐部获取赞助情况
		职业俱乐部履行社会责任情况
	5.2 足球中介服务	从事足球中介服务(包括广告制作、发布、代理、足球赛事策划等)机构数量
		足球中介服务(包括广告制作、发布、代理、足球赛事策划等)机构从业人数
	5.3 足球彩票	足球彩票销售机构数量
		足彩彩票销售收入
	5.4 足球培训	各类足球培训机构数量
		足球培训机构收入情况
	5.5 足球用品制造与销售	足球用品制造企业数量
		足球用品制造企业经营情况
		足球用品销售商数量
		足球用品销售商收支情况

续表

评价维度	二级指标	三级指标
6. 足球文化	6.1 文化建设	职业俱乐部是否设立了足球运动章程、规则等相关制度文件
		足球相关的理论研究成果数量
		足球展览馆、博物馆、名人堂、邮票等纪念足球发展文化产品开发情况
	6.2 文化传播	足协或足球运动管理中心是否有专门的网站
		足协或足球管理中心网站信息的时效性
7. 足球国际化	7.1 人才交流	管理机构中拥有海外学习、工作背景的人数
		引进外籍教练员人数
		本土球员输出人数
	7.2 资本流动	境内资本在国外足球领域投资额
		足球领域境外资本引入总量
	7.3 活动交流	中外足球交流活动次数
		中外足球交流活动参与人次
一票否决	城市中出现足球管理机构发生腐败、运动员身份造假、球场暴乱、经营企业违规经营等造成社会不良影响的情况	

为了能够确保指标体系的可行性，研究过程中对每个三级指标进行详尽的界定，内容包括指标单位、指标内容操作性解释、数据收集方式等。

第一，指标单位。这是指要确定三级指标的量化单位，对于不能量化的指标来说，需要确定操作性标准。比如“万人均场地数量增长率”“万人均场地面积增长率”等定量性指标，量化“%”，其含义是这些指标可以用百分数作为单位，以计量这些指标的发展程度。对于像“裁判员培训活动次数”“裁判员培训参训人数”这样的将定性数据转换为定量数据的指标单位，分别确定为“次”和“人”，其含义是在经过指标内容的操作性解释后，这些指标可以用“次”和“人”为单位来衡量这些指标发展状况。而像“是否建设有在线足球交流平台”这样的指标，只能用“是与否”和

"有与无"这样的文字描述判断,无法确定单位,经过操作性解释后可以用"是与否"和"有与无"来衡量这些指标的发展状况,则不设定单位。

第二,指标内容操作性解释。这是评估指标具有操作性、合用性的关键环节,它指明了每一条指标按照什么样的方式来计算大小、多少等,使调查过程中能够依照这些指标真正地开展。例如,界定的"与上年相比万人均场地数量增长率"指标的操作性解释为调查年度按常住人口平均计算足球场地数量的增长幅度。计算公式为:

$$\text{增长率}=\frac{\text{调查年度万人均场地数量}-\text{上一年度万人均场地数量}}{\text{上一年度万人均场地数量}}\times 100\%$$

它表明两层含义:一是指标"与上年相比万人均场地数量增长率"是什么问题;二是表明该指标如何计算的问题。经过两层解释,这一指标就具有操作性,可以将其运用到评价的实践活动中了。然而,并非每一条指标解释都包含这样两层含义,有的指标本身含义清楚,就只界定其计算方式;有的指标本身隐含计算方式,就只界定其含义;有的指标计算方式与评分标准重合,就在评分标准中对其界定。

第三,数据收集方式。指特定指标被用来进行评价实践时采用何种方式收集与此指标相关的信息、数据,它为指明了指标数据的寻找渠道。比如"足球场地数量""足球场地面积"都可以从第六次全国体育场地普查资料中获取。每个评价指标的操作说明见附录一。

第四章　中国足球发展指数实证分析

第一节　数据来源

中超联赛自2004年举办以来，每个赛季共有16家职业足球俱乐部参赛。2018赛季的参赛球队分布来自12个城市，其中北京、广州、上海、天津四座城市分别有两支参赛球队。考虑到指标数据的可得性以及研究的可行性，本研究选取了2018年参加中超联赛的16支球队所在的12个城市作为样本进行评价，见表4-1所列。

表4-1　2018赛季中国足球超级联赛俱乐部所在城市

俱乐部名称	所在城市	俱乐部名称	所在城市
广州恒大淘宝	广州	江苏苏宁	南京
广州富力	广州	长春亚泰	长春
上海绿地申花	上海	大连一方	大连
上海上港	上海	山东鲁能泰山	济南
北京中赫国安	北京	重庆当代力帆	重庆
北京人和	北京	贵州恒丰智诚	贵阳
天津权健	天津	河北华夏幸福	廊坊
天津泰达	天津	河南建业	郑州

表4-2 评价指标与取值

一级指标（权重）	二级指标（权重）	三级指标	三级指标权重	广州	南京	上海	北京	廊坊	重庆	大连	天津	贵阳	长春	郑州	济南
足球赛事（0.392）	职业俱乐部建设（0.500）	教练员总数（人）	0.290	10	5	10	10	5	5	4	10	6	5	4	5
		外籍教练数（人）	0.100	9	5	8	8	4	5	1	7	4	3	4	2
		本土教练数（人）	0.139	1	0	2	2	1	0	3	3	2	2	0	3
		运动员总数（人）	0.253	59	31	62	62	31	31	31	55	30	31	31	30
		外籍运动员数（人）	0.139	8	4	8	8	4	4	4	8	4	4	4	4
		本土运动员数（人）	0.078	51	27	54	54	27	27	27	47	26	27	27	26
	赛事关注度（0.500）	俱乐部合作企业数（家）	0.187	17	7	11	28	19	7	9	15	10	19	12	23
		俱乐部联赛年度排名积分（分）①	0.273	22	12	26	22	11	4	6	11	1	2	5	14
		俱乐部微博粉丝数（万人）	0.247	903.24	182.17	554.72	50.25	46.09	12.46	64.52	484.65	10.36	162.76	147.17	526.94
		场均上座人数（万人）	0.293	5.73	3.25	4.31	5.43	1.60	3.24	3.31	3.61	1.67	1.88	1.84	2.48
足球场地设施（0.278）②	场地规模（0.500）	场馆数量（个）	1.000	250	23	252	193	3	107	66	61	83	32	24	22
	场地面积（0.500）	场地总面积（万 m^2）	0.500	82.86	5.61	61.36	65.04	1.84	23.82	22.48	21.30	4.17	13.12	12.68	5.17
		人均场地面积（m^2/万人）	0.500	983.59	86.44	555.99	302.28	39.05	78.97	377.93	137.72	86.90	168.30	166.78	73.18
足球后备力量（0.330）	校园足球（0.411）	校园足球特色学校数量（所）③	1.000	134	151	322	254	78	501	170	247	71	84	211	98
	教练员培训（0.312）	培训次数（次）	0.500	25	25	5	14	5	7	3	11	4	2	3	8
		参训人数（人）	0.500	600	896	121	514	150	186	108	943	183	228	72	200
	裁判员培训（0.277）	培训次数（次）	0.500	2	5	3	2	1	3	1	4	2	1	1	1
		参训人数（人）	0.500	90	379	263	107	75	192	101	263	70	22	200	50

①竞赛成绩计分依据各职业足球俱乐部在中超联赛中取得的名次进行赋值，排名第一得分为16，排名第二得分为15，依次类推，排名倒数第一得分为1。一个城市有两支中超球队（如北京、上海）的，就将两个队的得分加总。

②足球场地设施数据来源于第六次全国体育场地普查，其余指标数据通过各俱乐部官方网站以及各城市所在体育局和足球协会网站搜索所得。

③数据截止至2018年。

第二节　指数计算

利用表4-3的评价指标及数据，采用多指标综合评价中的线性加权和法对足球赛事、足球后备人才培养、足球场地设施三个维度下的指标值进行了加总计算；俱乐部年度排名成绩（分）的评价采用主观赋值方式（赋值说明见表4-3末尾标注部分）。考虑到互联网时代的信息获取主要以网络为主，而官方网站又是信息发布的主要阵地，人们对官网发布的信息的权威性、可靠性、真实性认可度都相对较高，因而指标数据的获取大多依赖于对12个城市的足球协会网站、足球俱乐部网站、体育局网站的搜索，后对数据进行聚合的计算过程如下：

首先，对指标进行无量纲处理。由于指标体系中各个指标的单位、形式均不相同，无法直接进行合成比较。因而，首先需要对指标进行无量纲化处理。指标无量纲化处理的方式有很多，包括相对化处理法、功效系数法和标准分数法等。根据本文研究的需要，对三级指标数据进行无量纲化处理时，采用了极差变化法，统一将指标的数值统一规范化到［0-100］范围内，计算公式为：$x_{ij}' = \frac{x_{ij} - \min(x_{ij})}{\max(x_{ij}) - \min(x_{ij})} \times 40 + 60$，其中，$x_{ij}'$、$x_{ij}$分别为第$i$个城市在第$j$项指标的无量纲值与实际值，$\min(x_{ij})$、$\max(x_{ij})$为指标$x_{ij}$的最小值和最大值。

其次，确定指标权重。评价指标体系由不同的指标组成，每个指标都对最终的评价结果有贡献。但是，某些指标比其他指标可能更重要。因此,纳入评价指标体系中的指标需要通过权重值加以区分。为指标赋予权重常见方法有均值赋权法、专家赋权法、主成分分析法、层次分析法等。遗憾的是任何一种赋权方法各有优势和不足,研究者只能依据所研究的内容和研究目的选择适宜的赋权方法。为使评价指标更具操作性,本研究采用层次分析法对指标进行赋权。邀请专家对各指标相对重要性用层次分析法的数值标度打分,见表 4-3 所列。每个指标相对上一层指标进行比较,可得到专家判断矩阵。然后通过判断矩阵求得指标的权重值。

表 4-3　层次分析法 0.1-0.9 比例标度

标度	定义	说明
0.5	同等重要	两元素相比较,同等重要
0.6	稍微重要	两元素相比较,一元素比另一元素稍微重要
0.7	明显重要	两元素相比较,一元素比另一元素明显重要
0.8	重要得多	两元素相比较,一元素比另一元素重要得多
0.9	极端重要	两元素相比较,一元素比另一元素极端重要
0.1,0.2 0.3,0.4	反比较	若元素 $a_?$ 与元素 a_j 相比较得到判断 r_{ij} ,则元素 $a_?$ 与元素 a_j 相比较得到的判断为 $r_{ij} = 1 - r_{ji}$

最后,选用模型对指标值进行合成。常见的合成模型有线性加权模型(加权算术平均合成模型)、非线性加权模型(加权几何平均合成模型)。由于不同的模型都有各自的原理和优劣,不能单一地认为某种合成模型是好还是差,研究者只能根据研究对象的特征和研究目的选择相应的合成方法。考虑到当前各地足球发展在每个指标取值下可能都有强有弱,即便是部分指标的表现弱一些,只要有一些指标有优势也可以对整个地区足球的发展环境起到促进作用,因而,为了体现“取长补短”的功效,本研究选择了线性加权合成模型自下向上逐级加总各指标的得分,最终得出 12 个城市在的评价得分。具体计算公式为:$H = \sum_{i=1}^{n} w_i \sum_{j=1}^{m} w_{ij} x_{ij}'$,其中,$H$ 为足球发展综合评价值,i 为足球发展评价的维度数目,本研究

中 $n=3$；m 为第 i 类维度的指标个数；w_i 为第 i 类维度相对于评价目标的权重，且 $H=\sum_{i=1}^{n} w_i=1$，x_{ij}' 为第 i 城市在第 j 项指标上的无量纲化值；w_{ij} 为第 j 项指标在第 i 类维度中的权重，且 $H=\sum_{j=1}^{m} w_{ij}=1$。

第三节 结果分析

采用上述计算方法，对 12 个城市足球发展状况进行测算后，得出各城市足球发展指数结果，见表 4-4 所列。

表 4-4 12 个城市足球发展指数值及排名

城市	足球赛事指数	足球场地设施建设指数	足球后备力量培养指数	变异系数
广州	94.75	99.84	74.87	0.12
上海	92.39	85.85	76.12	0.08
北京	87.16	68.11	83.30	0.11
天津	73.83	62.30	64.01	0.12
重庆	67.74	62.57	86.28	0.14
南京	91.64	92.82	77.27	0.12
大连	67.11	71.20	65.54	0.04
济南	67.20	65.09	61.61	0.04
郑州	67.19	60.00	66.96	0.05
深圳				
长春	65.17	67.22	63.47	0.02
廊坊	65.11	71.49	84.02	0.13
均值	75.26	72.57	72.65	

第一，城市足球发展水平总体不高，职业足球俱乐部是推动城市足球的中坚力量。从表 4-4 可以看出，12 个城市的足球发展综合指数均值仅

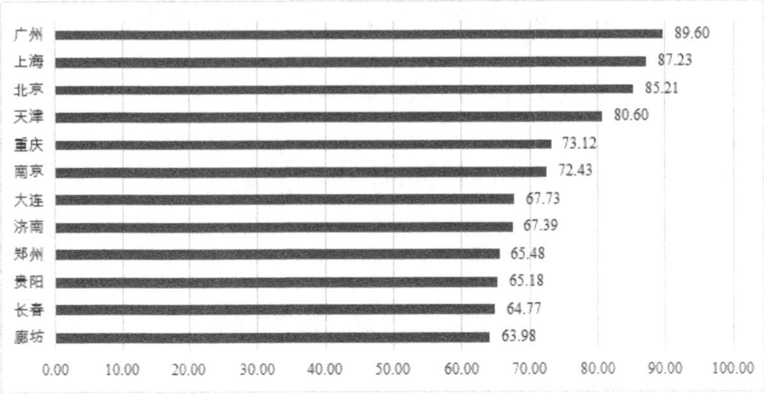

图 4-1　城市足球发展综合指数

有 73.56，其中 8 个城市的分值均低于平均得分，占总数的 66.7%，这说明十二个城市足球发展的总体水平并不理想。综合指数值排名前四的城市，其分值也均高于平均值，且每个城市均有两支球队入围 2018 中超联赛，这为三座城市在最终的分值上增添了不少分量。这也间接表明城市职业足球俱乐部的数量对一个地区足球运动项目发展具有重要影响。当城市拥有多支职业球队时，无论是在足球赛事还是在足球基础设施投入方面都会有更多的服务供给，有利于营造良好的足球运动氛围，从而潜移默化地影响当地居民对足球运动的态度和行为。

第二，城市内部足球发展的资源要素分布不均衡。从表 4-4 三项分指数的变异系数值可以看出，有 6 个城市的值都大于 0.1，说明在城市内部，足球发展资源的配置需要调整。如足球后备力量培养这项资源优于大部分城市的廊坊，但是由于在足球赛事这项要素中表现差强人意，导致最后的综合指数排名中位列末位。足球后备力量指数位列第一的重庆，因在场地设施和足球赛事方面表现欠佳，导致其综合评价排名并不理想。足球发展是一项系统工程，只有综合权衡并合理规划，才有好的收效。

第三，城市足球赛事发展水平差距较大。图 4-2 显示了十二个城市足球赛事指数、足球场地设施建设指数以及足球后备力量指数的情况。通过比较可以发现，足球赛事的发展水平优于足球场地设施建设和足球后备力量。足球赛事指数值最高的是广州，其次是上海和南京，指数值均

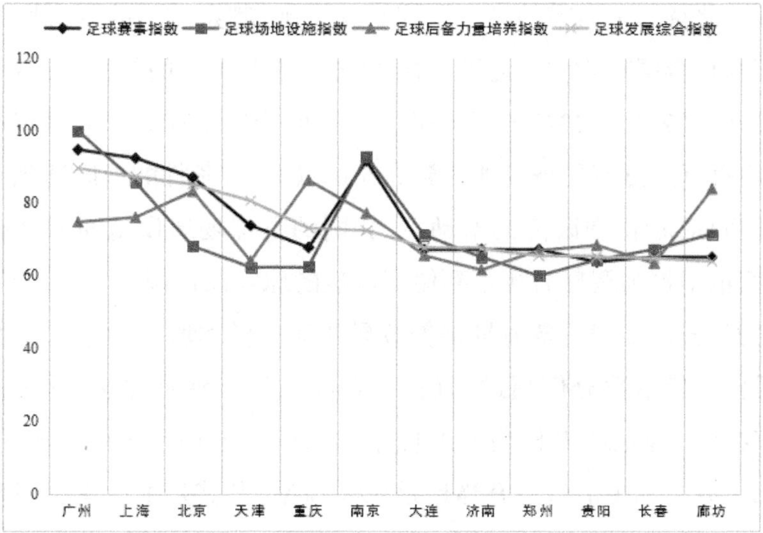

图 4-2　12 个城市足球发展分项指数与综合评价指数

在 90 分以上。但是除了广州、上海、南京和北京四个城市之外，其余八个城市的分值均低于指数平均值。这与城市足球赛事的基础积淀密切相关，无论在曾经的甲 A 时期，还是在如今的中超时代，几乎可都可以看到来自上海、广州以及南京的职业足球俱乐部的身影，优良的参赛传统为城市足球发展埋下了根基。

第四，足球场地设施是足球发展的主要制约因素。足球场地设施建设在三个分项指数中所得分值是最低的。排前三位的依次是广州、南京、上海，其余 9 个城市的足球场地设施指数均低于平均水平，城市足球场地设施建设是制约城市足球发展中的主要因素。场地设施作为足球发展的基本保障，其重要性不言而喻，没有足够多的足球场，足球的普及就无从谈起。但是，据全国第六次体育场地普查公报数据显示，全国新建三大球场地中，足球类场地[①]数量为 0.71 万个，场地面积 2136.99 万平方米，如果按照国家统计局公布的 2018 年全国人口总数 13.95 亿人计算，万人均足球场地面积为 0.015 平方米。本文所列的 12 个样本城市中，仅有广

① 足球类场地包括十一人制足球场、室外五人制足球场、室外七人制足球场和室内五人制足球场，不包括体育场和田径场环形跑道内的足球场。

州、上海、北京三个城市的高于全国平均水平,其余城市的万人均足球场地面积均在全国平均水平之下。在2016年5月出台的《全国足球场地设施建设规划(2016—2020年)》提出,到2020全国足球场地数量超过7万块,平均每万人拥有足球场地达到0.5块以上,有条件的地区达到0.7块以上的目标,相信在政策的推动下,我国的足球场地设施面积会有所增加,人们也不再为踢球时找不到便捷可达的球场而苦恼。

第五,城市足球后备力量培养效果初显。样本城市中有6个城市的足球后备力量指数分值超过均值,排名前三的分别是北京、重庆、廊坊。近几年在《中国足球中长期发展规划(2016—2050年)》的引导下,各个城市都采取了不少措施提升当地足球参与率,尤其是中小学校园足球的大力开展,为后备力量培养提供了很好的载体和条件。在《中国足球中长期发展规划(2016—2050年)》中提出,要加快发展校园足球,力争到2020年,全国特色足球学校的数量达到2万所,中小学生经常参加足球运动的人数超过3000万人,全社会经常参加足球运动的人数超过5000万人。但是,据每日经济新闻的报道,在邻国日本青少年注册球员在2013年时就超过74万,而同期中国所有注册球员加起来只有3万多①。随着校园足球的不断推进,学生及家长对足球运动的认同感和参与度逐渐提升,相信不久的将来,这项制约足球发展的薄弱链条能得以弥补。

第四节　对策建议

第一,提升足球赛事的经营开发水平。当体育产业在政策春风的吹拂下遍地生根发芽之时,嗅觉敏感的资本不断涌入以寻找增值的空间。当中国足球超级联赛版权被史无前例地被卖到5年80亿元的时候,人们

① 周恒.3亿身价的恒大败给1亿的日本冠军:东京公共足球场113处,广州仅15个[EB/OL].每日经济新闻,http://www.nbd.com.cn/articles/2015-12-20/971743.html.

自然对赛事的经营开发水平怀有更高的预期。小到俱乐部球员组合、教练员执教水平、明星球员配备,大到联赛的招商、赛事的包装、赛程安排、赛事转播,每个环节都对专业性提出了很高的要求。足球赛事的经营开发应该本着“让专业人干专业事”的理念和原则,将专业性较强的领域进行外包,集中众人的力量共同为社会打造高质量的足球赛事。目前,国内外不乏专业的体育赛事运营管理公司,不乏高水平的体育经营管理人才,从创赛事品牌的角度看,在满足各方利益诉求的情况下,如果目标是为了提高赛事的经营开发水平,适当让渡赛事资源的垄断权也未尝不可。

第二,增强足球场地设施的可达性。据第六次全国体育场地普查结果显示,我国集中在教育系统的体育场地设施数量有 66.05 万个,场地面积达 10.56 亿平方米,分别占总数的 38.98%、53.01%。这意味着在倡导学校体育场地设施向社会开放的政策执行效果并不理想的情况下,社会人员要想顺利地到校园的球场上踢球是很困难的。其原因在于学校出于在校生安全、场地维护成本、安全成本等因素考虑,不太情愿将校内体育场馆资源向社会开放。另外,一些地处学校之外的公共体育场馆要么所处地理位置远离居民生活区,要么因开放成本过高常年紧闭,也让百姓从事足球运动的欲望大大降低。因而,在新建足球场馆时,应充分考虑场馆所在地理位置辐射的人群数量,力争为更多的社会人士提供可达性更高的场地设施。在一些地方如果因为土地资源获批受限,不宜新建足球场地设施时,可因地制宜地将一些废弃的荒地、废旧的厂房、公园绿地等改建成简易实用的非标准足球场地,为人们参与足球运动提供更多便捷可达的场地。

第三,加大后备力量培养力度。只有源源不断的后备力量输入才能让足球运动的可持续发展保有活力。校园足球作为青少年足球运动员培养的重要阵地,现在正在全国各地不断铺开。各地足球特色学校的建设、青少年足球培训基地的发展成为足球后备力量培养的重要平台。如何让政策的效果满足政策制订者最初的预期,这需要增强各方利益主体对政策价值的认同。让更多人参与足球运动,不应仅仅停留于有利于提高身体素质和健康水平的价值层面，而应该将背后蕴含的多元价值功能贯穿于政策实施过程中。应将其视作培养团队协作、遵守道德规范、提高自我抗压能力的重要途径加以引导，应该将其视作丰富业余生活、拓展社会交往的一种健康生活方式加以推广，将其视作维护社会稳定、促进国际交流、促进人的全面发展的重要载体加以宣传。这样就会不断获得家长和社会的认同和支持，吸引更多的人参与到足球运动中，收获足球带来的价值和快乐。

第五章　不足与展望

足球运动的独特性以及不同地区的差异性,使得我们对足球发展的评价也极具挑战性。虽然本研究已经尽了一切努力使各地区之间的对比保持一致和可比性,但在研究过程中,我们依然面临着几个难以克服的困难。可供查询的地区足球发展的数据缺乏,地方管理部门对足球发展所在争取的目标管理方式认识有限,各地经济社会人口的差异在一定程度上限制了数据的可比性,影响了我们的分析结果。

受上述限制,本研究在指数指标体系构建、指标筛选等方面都还有进一步完善与改进的空间。

首先,指数指标体系的设计有待进一步完善。虽然本研究在设计指标体系依据了《中国足球改革发展总体方案》和《中国足球中长期发展规划(2016—2050年)》的内容,也充分考虑了各个城市足球发展的实际情况,但是因为我国足球发展涵盖的领域较广,限于既有的研究条件,无法对每个方面都进行细致的评价与分析。本研究所设计的评价指标体系也并非一成不变,指标体系的内容也会随着研究条件的改善和足球运动的不断发展而不断调整和完善。

其次,实证分析时,仅选择了部分评价指标,一些重要数据因为可得性问题未能纳入计算。足球发展评价指标体系构建与测算是一个复杂而系统的工程,不但需要基础理论和数理统计知识的支撑,还需要大量准确客观的数据作为保障。为获取尽可能详尽的数据资料,笔者通过对各城市的政府网站、体育局、足球协会、足球俱乐部、足球论坛等渠道对指标数据进行了逐一查询与搜索，但是由于目前在全国范围内关于足球发展的统计工作还并不完善，各个管理部门在数据搜集与统计方面的规范化、常规化管理也较欠缺，以及一些部门主动公开信息的积极性不高，因而搜集到的指标数据信息有限，这对足球发展定量化的计算造成了很大制约。在计算过程中，一些本该纳入的重要指标，如足球赛事赞助收入、门票收入、电视转播收入等，在测算过程中因为数据不足而不得不遗憾舍弃。

最后，构建的足球发展指数评价指标体系仅是短期的分析系统。中国足球改革发展是一个渐进的过程，在不同时期面临的工作任务也并不相同，进程过程中取得的工作成果也必然存在差异。例如，目前的主要任务通过校园足球的推广与普及促使更多的青少年参与足球运动；建设更多的足球场地设施保障足球运动的开展。而在未来的某个时期，足球俱乐部的市场化运作，足球联赛的商业模式，足球人才国际化程度提升等，可能又将成为改革发展的重要内容。届时，对足球发展的测度，可能其侧重点就会相应地随之变化。虽然短期内足球发展指数的分析需要维持指标的相对稳定，以便达成指数可比性的目标，但是长期而言必将是动态调整的过程。因此，关于足球发展指数指标体系也将随足球发展产生过程中产生的变化而不断进行调整和修改。

在各地积极响应国家足球发展政策的过程中，相信会有越来越多的部门重视足球发展过程中的监督评价工作。为促进各地足球的持续健康发展，希望可以由政府牵头，相关行政部门、足球协会等社会团体共同参与建设一个的足球信息化平台，这样不仅有利于动态跟踪监测各地足球发展状况，同时也为各地足球工作的考核评估提供了便捷。此外，信息化平台还可以作为各地足球资源的重要推介窗口，向业界人士集中展示各地的足球发展特色。届时，中国足球发展水平的定量化分析也有望依托于信息化平台的数据资料，为社会提供更丰富的信息，为部门决策者提供更多有价值的参考依据。我们相信足球发展指数不仅是对我国足球发展进行量化评价的试验性探索，同时也将会为定期的年度报告奠定了基础，随着时间的推移，这将使我国足球行业发展受益。

参考文献

[1]Michela Nardo, Michaela Saisana, Andrea Saltelli and Stefano Tarantola Anders Hoffman and Enrico Giovannini ,(2005),*Handbook on Constructing Composite Indicators*: *Methodology and User Guide*. OECD Statistics Working Paper. http://www.oecd.org/std/research.

[2]PLUMLEY, Daniel James, WILSON, Robert and RAMCHANDANI, Girish (2014). Towards a model for measuring holistic performance of professional Football clubs. *Soccer and Society*, 18 (1), 16-29.

[3] Nikolaos Kaimenakis, Andreas Andrikopoulos(2009). Introducing FOrNeX: A composite index for the intangible resources of the football club. *International Journal of Sport Management and Marketing*, 5(3):251-266.

[4]B Houlihan, M Green (2010). *Routledge handbook of sports development*. Routledge, London.

[5]Peter Bramham, Kevin Hylton, Dave Jackson(2001). *Sports Development*: *Policy*, *Process and Practice*, Routledge, London.

[6]Gregory T. Papanikos. (2017) Economic, population and political determinants of the 2014 World Cup match results. *Soccer & Society*, 18:4: 516-532.

[7]A. Vorobyev, E. Zarova, I. Solntsev, N. Osokin, V. Zhulevich. (2016) Statistical evaluation of football performance depending on the socio-economic development of countries. *Statistical Journal of the IAOS*, 32:3: 403

-411.

[8] Roberto Gásquez, Vicente Royuela. (2016) The Determinants of International Football Success: A Panel Data Analysis of the Elo Rating * . *Social Science Quarterly*, 97:2, pages 125-141.

[9] J. Manuel Luiz and R. Fadal. (2011) An economic analysis of sports performance in Africa, *International Journal of Social Economics*, 38 (10):869-883.

[10] OECD (2008). *Handbook on Constructing Composite Indicators. Methodology and user guide.* OECD Pubhcations, Paris.

[11] Mazziotta, M., Pareto, A. (2013). Methods for Constructing Composite Indices: One for All or All for One? *Rivista Italiana di Economia Demografia e Statistica*, Vol. LXVII, 2, 67-80.

[12] Mazziotta M., Pareto A. (2017). Synthesis of Indicators: The Composite Indicators Approach. In: Maggino F. (eds) *Complexity in Society: From Indicators Construction to their Synthesis.* Social Indicators Research Series, vol 70. Springer, Cham.

[13]刘福安,李笋南. 决定足球发展与成绩的宏观经济和社会因素——中、日、韩三国足球发展的现状与展望[J]. 体育科学,2004,24(11):8-12.

[14]李玲,方程,黄谦. 校园足球活动评价指标体系的构建与应用:以陕西省为例[J]. 首都体育学院学报,2019,31(01):61-67.

[15]李玲,方程,黄谦. 中小学校园足球工作综合评价指标体系[J]. 体育学刊,2018,25(03):120-125.

[16]方程,李玲,张朋. 校园足球工作评价指标体系构建[J]. 体育文化导刊,2017(11):130-134+139.

[17]蒲鸿春. 基于熵值法的校园足球可持续发展评价体系构建研究——以四川省校园足球为例[J]. 成都体育学院学报,2017,43(03):115-120+126.

[18]周兴生,谭嘉辉.我国校园足球绩效评价指标体系及构建[J].西安体育学院学报,2017,34(03):300-308.

附　　录

附录一:评价指标操作说明

1.管理机构的独立自主性

第一,指标单位:不设定单位。

第二,指标内容操作性解释:指地方足球发展管理机构是否实行管办分离,对地方足球发展是否具有自主管理权。

第三,数据收集方式:通过向各足球管理机构调查获取。

2.管理机构专职、兼职工作人员数量占比

第一,指标单位:"%"。

第二,指标内容操作性解释:指在足球管理机构具有单位编制或签订长期劳动合同全日制在岗的工作人员与非在编临时工作人员的比例。

第三,数据收集方式:通过向各足球管理机构调查获取。

3.管理层多学科背景人员的结构比例

第一,指标单位:"%"。

第二,指标内容操作性解释:指足球管理机构管理层汇总具有市场营销、经济学、管理学专业学习背景或具有长期从事体育项目管理实践经历的人员占管理层总人数的比例。

第三,数据收集方式:通过向各足球管理机构调查获取。

4. 民众对管理机构工作的满意度

第一,指标单位:“%”。

第二,指标内容操作性解释:指社会公众对足球管理机构工作成效的主观评价。制订评价调查问卷向社会民众发放并回收,调查问题选项设置五项:非常满意、比较满意、一般、不满意,非常不满意。根据调查对象的填写情况进行统计。

第三,数据收集方式:问卷调查。

5. 管理机构对足球发展评价调查的配合度

第一,指标单位:不设定单位。

第二,指标内容操作性解释:指机构是否积极配合调查,真实、完整、按时地将调查材料内容填写及上报。

第三,数据收集方式:根据实际调查材料填写情况评分。

6. 政策文件含有足球发展的文件数量

第一,指标单位:“份”。

第二,指标内容操作性解释:足球政策文件指各级政府、行政职能部门及足球管理机构制订并下发的关于足球发展的各类政策文件。

第三,数据收集方式:行政记录,政府台账。

7. 政策中不同部门联合发文情况

第一,指标单位:无确定单位。

第二,指标内容操作性解释:联合发文指由两个或两个以上部门联合制订并发布的关于足球发展的政策文件。该指标假定参与制订文件部门越多,对足球发展的重视程度越高,同时易于工作的沟通协调。

第三,数据收集方式:行政记录,政府台账。

8. 政策出台部门级别

第一,指标单位:不设定单位。

第二,指标内容操作性解释:指政策出台部门的行政级别,分为国家级、省部级、市厅级、县市级和乡镇级。部门联合发文的按照最高行政级别部门算。计算公式为:总分=国家级得分+省部级得分+市厅级得分+

县市级得分+乡镇级得分。

第三,数据收集方式:行政记录,政府台账。

9. 政策制订过程中民众的参与度

第一,指标单位:"%"。

第二,指标内容操作性解释:指政策制订过程中民众参与人数占参与总人数的比例。民众指政府职能部门工作人员之外的人员,主要包括体育领域的学术界人员、职业足球从业人员、足球产业相关人员、足球运动爱好者和其他民众。参与方式可分为:不同方式提供意见、参与政策的组织讨论、参与政策文本的撰写。

第三,数据收集方式:行政记录,政府台账。

10. 制度文件内容的有效性

第一,指标单位:无确定单位。

第二,指标内容操作性解释:制度文件包括:顶层设计文件、基层文件、上级批示和行政规范、条例等。查看颁布的政策文件中是否有明确的政策执行主体、政策目标、政策要解决的问题、政策规定的任务时间表、政策落实保障措施等项目。

第三,数据收集方式:行政记录,政府台账。

11. 利益相关者对政策措施的满意度

第一,指标单位:"%"。

第二,指标内容操作性解释:对利益相关者进行问卷调查,所调查的问题设置四个选项:调查问题选项设置五项:非常满意、比较满意、一般、不满意,非常不满意。利益相关者包括:足球管理机构、职业足球俱乐部、足球运动员、足球教练员、足球裁判员、足球特色学校、足球产业相关人员。

第三,数据收集方式:问卷调查。

12. 校园特色足球学校数量

第一,指标单位:"所"。

第二,指标内容操作性解释:校园特色足球学校指教育部经过综合遴选,认定命名的全国青少年校园足球特色学校。调查年度内教育部通知文件认定的调查地区的校园特色足球学校数量。

第三,数据收集方式:根据教育部下发文件统计。

13. 校园特色足球学校足球活动举办次数

第一,指标单位:“次”。

第二,指标内容操作性解释:年度内校园特色足球学校组织的足球运动宣传、足球比赛、足球各类培训等活动。

第三,数据收集方式:由校园特色足球学校填报。

14. 校园特色足球学校足球活动参与人数

第一,指标单位:“人”。

第二,指标内容操作性解释:年度内参加足球活动的总人数,含组织管理人员、教练员、运动员、裁判员等。

第三,数据收集方式:由校园特色足球学校填报。

15. 校园足球特色学校专职足球教练员数量

第一,指标单位:“人”。

第二,指标内容操作性解释:指在特色足球学校从事足球教学训练的专职和兼职教练员的人数。

第三,数据收集方式:由校园特色足球学校填报。

16. 校园足球特色学校兼职足球教练员数量

第一,指标单位:“人”。

第二,指标内容操作性解释:指特色足球学校非专职足球教练员人数。

第三,数据收集方式:由校园特色足球学校填报。

17. 登记注册的教练员数量

第一,指标单位:“人”。

第二,指标内容操作性解释:指在足球协会和教育行政部门登记注册的教练员数量。

第三,数据收集方式:向教练员注册管理机构调查取得。

18. 教练员执教水平

第一,指标单位:不设定单位。

第二,指标内容操作性解释:用教练员执教过程中取得的最高级别的赛事的名次来反映。

第三,数据收集方式:各职业足球俱乐部填报。

19. 教练员培训活动次数

第一,指标单位:"次"。

第二,指标内容操作性解释:调查年度内的培训活动次数,包括教练员等级、业务等培训。

第三,数据收集方式:由地方足球组织管理机构填报。

20. 教练员培训参训人次

第一,指标单位:"人次"。

第二,指标内容操作性解释:调查年度内参加教练员培训的人次。

第三,数据收集方式:由地方足球组织管理机构填报。

21. 登记注册的裁判员数量

第一,指标单位:"人"。

第二,指标内容操作性解释:指在足球协会和教育行政部门登记注册的裁判员数量。

第三,数据收集方式:由地方足球组织管理机构填报。

22. 裁判员培训活动次数

第一,指标单位:"次"。

第二,指标内容操作性解释:调查年度内的培训活动次数,包括裁判员等级、业务等培训。

第三,数据收集方式:由地方足球组织管理机构填报。

23. 裁判员培训参训人次

第一,指标单位:"人次"。

第二,指标内容操作性解释:调查年度内参加裁判员培训的人次。

第三,数据收集方式:由地方足球组织管理机构填报。

24. 登记注册足球运动员人数

第一,指标单位:“人”。

第二,指标内容操作性解释:指在足球协会和教育行政部门注册的运动员的数量。

第三,数据收集方式:由地方足球组织管理机构填报。

25. 运动员年龄结构

第一,指标单位:“%”。

第二,指标内容操作性解释:指在足球协会和教育行政部门登记注册的运动员中,20 岁以下的运动员占运动员总人数的比例。

第三,数据收集方式:由地方足球组织管理机构填报。

26. 本土、外籍球员比例

第一,指标单位:“%”。

第二,指标内容操作性解释:指调查地区职业球队中外籍球员与本土球员的结构比例与所有参评对象的平均值比较。

第三,数据收集方式:中国足球协会统计。

27. 各职业俱乐部球员入选国家队的人数

第一,指标单位:“人”。

第二,指标内容操作性解释:评估年度各职业俱乐部入选国家队的球员人数。

第三,数据收集方式:中国足球协会统计或各职业俱乐部填报。

28. 足球经纪人数量

第一,指标单位:“人”。

第二,指标内容操作性解释:通过足球运动员买卖、足球赛事运作等收取佣金的从业人员。

第三,数据收集方式:向颁证方调查。

29. 从事足球经营管理工作人员数量

第一,指标单位:“人”。

第二,指标内容操作性解释:足球经营管理从业人数。

第三,数据收集方式:行业调查。

30. 万人均足球场地数量

第一,指标单位:“个/万人”。

第二,指标内容操作性解释:指调查年度每万名常住人口拥有的足球场地数量。包括 11 人制、5 人制、7 人制、龙式足球场地。

第三,数据收集方式:第六次全国体育场地普查统计资料。

31. 万人均足球场地面积

第一,指标单位:“平方米/万人”。

第二,指标内容操作性解释:指调查年度地区常住人口万人平均拥有的足球场地面积。计算结果与所有参评对象的平均值比较。

第三,数据收集方式:第六次全国体育场地普查统计资料。

32. 万人均场地面积增长率

第一,指标单位:“%”。

第二,指标内容操作性解释:按常住人口平均计算足球场地面积增长率。

第三,数据收集方式:体育行政部门填报。

33. 场馆文化传承

第一,指标单位:无单位。

第二,指标内容操作性解释:指足球场馆的历史文化传承。场馆内是否开辟了雇相关的建造说明,以及举办活动及比赛的概况的文字和影像材料展示。

第三,数据收集方式:体育职能管理部门填报。

34 场馆经营状况

第一,指标单位:不设定单位。

第二,指标内容操作性解释:指场馆商业化经营情况,以是否通过自主创收来弥补场馆经营开支的不足来考察。

第三,数据收集方式:足球场馆填报。

35. 场馆社会服务

第一,指标单位:“%”。

第二,指标内容操作性解释:主要考察场馆的对外开放情况。

第三,数据收集方式:通过场馆实地调查与体育管理部门工作记录获取。

36. 社会对场馆设施及服务的满意度

第一,指标单位:“%”。

第二,指标内容操作性解释:指公众对足球场馆设施的数量及场馆服务情况的评价。设计足球场馆设施及服务调查问卷,调查问题选项设置五项:非常满意、比较满意、一般、不满意,非常不满意。选择一般以上调查对象人数占调查对象总人数的比例。

第三,数据收集方式:社会调查。

37. 参赛球队数量

第一,指标单位:“个”。

第二,指标内容操作性解释:指当年参加中超、中甲、中乙男足球队及女子职业球队的数量。

第三,数据收集方式:中国足球协会统计或地方足球协会填报。

38. 门票收入

第一,指标单位:“万元”。

第二,指标内容操作性解释:以所有参评对象的一个赛季内门票收入的平均值为依据,将各职业俱乐部的门票收入与平均值进行对比。

第三,数据收集方式:中国足球协会统计。

39. 赞助收入

第一,指标单位:“万元”。

第二,指标内容操作性解释:根据年度所有俱乐部赞助总收入情况计算平均值,将各职业俱乐部的赞助收入与平均值进行对比。

第三,数据收集方式:各俱乐部填报,中国足球协会统计。

40. 媒体转播收入

第一,指标单位:“万元”。

第二,指标内容操作性解释:根据职业比赛年度电视转播总收入按俱乐部数量情况计算平均值,将各职业俱乐部的电视转播收入与平均值进行比较。

第三,数据收集方式:中国足球协会统计。

41. 捐赠收入

第一,指标单位:“万元”。

第二,指标内容操作性解释:根据年度所有俱乐部捐赠总收入情况计算平均值,将各职业俱乐部的捐赠收入与平均值进行比较。

第三,数据收集方式:各俱乐部填报,中国足球协会统计。

42. 特许商品及纪念品销售收入

第一,指标单位:“万元”。

第二,指标内容操作性解释:根据年所有俱乐部度特许商品和纪念品总收入情况计算平均值,将各职业俱乐部的特许商品和纪念品收入与平均值进行比较。

第三,数据收集方式:通过各俱乐部及中国足球协会统计资料获取。

43. 赞助商数量

第一,指标单位:“家”。

第二,指标内容操作性解释:将参评对象拥有的职业足球俱乐部的赞助商数量加总,求取平均值,将各职业足球俱乐部赞助商数量与平均数比较。

第三,数据收集方式:向各职业足球俱乐部调查。

44. 场均观众上座率

第一,指标单位:“人”。

第二,指标内容操作性解释:根据年度职业每一场足球比赛上座观众人数统计联赛场均上座率,将各俱乐部场均上座率平均上座率进行比较。

第三,数据收集方式:向各赛事举办单位调查获取。

45. 民间草根足球俱乐部数量

第一,指标单位:"个"。

第二,指标内容操作性解释:指在管理部门登记注册的民间足球俱乐部。

第三,数据收集方式:向地方足球管理机构调查获取。

46. 民间草根足球俱乐部举办的业余比赛次数

第一,指标单位:"次"。

第二,指标内容操作性解释:指非官方机构组织的足球比赛(不包括教育行政部门举办的校园足球比赛)。

第三,数据收集方式:向各民间足球俱乐部调查获取。

47. 参加民间足球比赛球队数量

第一,指标单位:"个"。

第二,指标内容操作性解释:全年民间足球比赛参赛队数量加总。

第三,数据收集方式:向各民间足球比赛主办者调查获取。

48. 参加民间足球比赛运动员人数

第一,指标单位:"人"。

第二,指标内容操作性解释:每次比赛运动员人数加总。

第三,数据收集方式:向各民间足球俱乐部调查获取。

49. 举办的校园足球比赛次数

第一,指标单位:"次"。

第二,指标内容操作性解释:指教育行政部门举办的针对学生群体的足球比赛。

第三,数据收集方式:向各学校调查获取。

50. 参加校园足球比赛球队数量

第一,指标单位:"个"。

第二,指标内容操作性解释:年度校园足球比赛参赛队数量加总。

第三,数据收集方式:向各校园足球特色学校调查获取。

51. 参赛运动员人数

第一，指标单位：“人”。

第二，指标内容操作性解释：每次参赛校园足球比赛运动员人数加总。

第三，数据收集方式：向各学校调查获取。

52. 职业俱乐部资金来源结构

第一，指标单位：不设定单位。

第二，指标内容操作性解释：考察俱乐部资金来源渠道是一元还是多元，一般认为多元化的资金来源有利于俱乐部的稳定发展。

第三，数据收集方式：通过各俱乐部填报。

53. 职业俱乐部投资额

第一，指标单位：“万元”。

第二，指标内容操作性解释：一年内注入俱乐部的资金总额。

第三，数据收集方式：通过各俱乐部填报。

54. 职业俱乐部盈亏情况

第一，指标单位：不设定单位。

第二，指标内容操作性解释：考察俱乐部的经营状况。

第三，数据收集方式：根据各俱乐部年报资料获取。

55. 职业俱乐部履行社会责任情况

第一，指标单位：不设定单位。

第二，指标内容操作性解释：指俱乐部参加的捐赠、明星进校园以及其他社会公益活动情况。

第三，数据收集方式：各职业足球俱乐部填报。

56. 职业俱乐部球员转会收支情况

第一，指标单位：不设定单位。

第二，指标内容操作性解释：考察俱乐部在球队力量组建方面给俱乐部带来的效益。

第三，数据收集方式：各俱乐部填报。

57. 从事足球中介服务机构数量

第一，指标单位："个"。

第二，指标内容操作性解释：社会从事足球广告制作、发布、代理、足球赛事策划等中介机构的数量。

第三，数据收集方式：向工商和民政管理部门调查获取。

58. 足球中介机构从业人员数量

第一，指标单位："人"。

第二，指标内容操作性解释：在足球中介机构工作的人员。

第三，数据收集方式：通过向工商和民政部门调查获取。

59. 职业运动员参保人数

第一，指标单位："人"。

第二，指标内容操作性解释：指职业球员参加商业保险的人数。

第三，数据收集方式：各俱乐部填报。

60. 俱乐部职业运动员参保金额

第一，指标单位："万元"。

第二，指标内容操作性解释：指俱乐部在球员购买商业保险方面的投入。

第三，数据收集方式：各俱乐部填报。

61. 足球彩票销售机构数量

第一，指标单位："个"。

第二，指标内容操作性解释：当地足球类彩票销售机构数量。

第三，数据收集方式：通过体育彩票管理中心统计数据获取。

62. 足球彩票销售额

第一，指标单位："万元"。

第二，指标内容操作性解释：全年足球类彩票销售金额。

第三，数据收集方式：通过体育彩票管理中心统计数据获取。

63. 各类足球培训机构数量

第一，指标单位："个"。

第二,指标内容操作性解释:在民政、工商等部门注册的各类足球培训的机构总和。

第三,数据收集方式:通过工商和民政管理部门查询。

64. 足球培训机构从业人员数量

第一,指标单位:“人”。

第二,指标内容操作性解释:在足球培训机构工作的员工。

第三,数据收集方式:通过向工商和民政部门调查获取。

65. 足球用品制造企业数量

第一,指标单位:“家”。

第二,指标内容操作性解释:指在工商管理部门注册的足球用品制造企业。

第三,数据收集方式:工商管理部门查询。

66. 足球用品制造企业经营情况

第一,指标单位:不设定单位。

第二,指标内容操作性解释:指调查年度足球用品制造企业经营的盈亏状况。

第三,数据收集方式:企业调查。

67. 足球用品销售商数量

第一,指标单位:“家”。

第二,指标内容操作性解释:指在工商管理部门注册的足球用品销售商。

第三,数据收集方式:工商管理部门查询。

68. 足球用品销售商营收情况

第一,指标单位:不设定单位。

第二,指标内容操作性解释:指调查年度足球用品销售代理商家经营的盈亏状况。

第三,数据收集方式:企业调查。

69. 足球比赛赛风赛纪状况

第一，指标单位：不设定单位。

第二，指标内容操作性解释：指在比赛期间发生的球员之间或球员与球迷辱骂、打架，辱骂殴打裁判、球迷骚乱等严重扰乱赛事进程的恶性事件。

第三，数据收集方式：向足球组织管理机构调查获取。

70. 赛事期间是否有相对固定的仪式（如开闭幕式或其他表演）

第一，指标单位：不设定单位。

第二，指标内容操作性解释：指由足球联赛组织部门规定的任何球队在比赛中必须执行的特定的仪式、形式。

第三，数据收集方式：向赛事主办方调查获取。

71. 职业俱乐部是否设立了足球运动章程、规则等相关制度文件

第一，指标单位：不设定单位。

第二，指标内容操作性解释：职业足球俱乐部设立的有关球队建设、球员管理等相关制度文件。

第三，数据收集方式：向足球俱乐部调查获取。

72. 俱乐部是否有队旗、队歌、标志和统一的队服设计

第一，指标单位：不设定单位。

第二，指标内容操作性解释：指各俱乐部为了区别其他俱乐部制作的固定使用的本俱乐部标识。

第三，数据收集方式：各俱乐部填报。

73. 足球相关的理论研究成果数量

第一，指标内容操作性解释：指在足球思想、理论发展中的著作、研究报告、技术标准等科学研究成果。

第二，数据收集方式：足球协会、教育行政部门、体育科研部门联合填报。

74. 足球展览馆、博物馆、名人堂、邮票等纪念足球发展的文化产品开发情况。

第一,指标单位:不设定单位。

第二,指标内容操作性解释:指为纪念地方足球运动发展而开发的纪念物品。

第三,数据收集方式:向足球组织管理机构调查获取。

75. 地方足协或足球管理中心是否有专门的网站

第一,指标单位:不设定单位。

第二,指标内容操作性解释:指各级足球协会或足球管理中心建设的官方网站。

第三,数据收集方式:通过网络查找获取。

76. 职业俱乐部是否有专门的网站

第一,指标单位:不设定单位。

第二,指标内容操作性解释:指各职业俱乐部独立的官方网站。

第三,数据收集方式:通过网络搜索查找。

77. 地方足协网站信息的全面性

第一,指标单位:不设定单位。

第二,指标内容操作性解释:指足球协会和俱乐部官方网站是否包含:法规政策文件公告、职业足球发展、青少年足球发展、足球赛事活动信息、球迷交流、办事指南等百姓关心的主要内容。

第三,数据收集方式:通过查看网站查看获取。

78. 地方足协中心网站信息的时效性

第一,指标单位:不设定单位。

第二,指标内容操作性解释:指足球协会和俱乐部官方网站信息更新的频率。

第三,数据收集方式:通过查看网站查看获取。

79. 是否有专门的足球论坛等交流性网络平台

第一,指标单位:不设定单位。

第二,指标内容操作性解释:指由足球协会或足球俱乐部建立的球迷和足球爱好者进行网上交流的平台。

第三,数据收集方式:通过百度搜索引擎对足球协会和足球俱乐部官方网站查询获取。

80. 发行的足球杂志报纸种类

第一,指标单位:"类"。

第二,指标内容操作性解释:指有国家新闻总署批准并分配刊号的或由管理机构及俱乐部内部发行的刊物。

第三,数据收集方式:足球协会及俱乐部填报。

81. 中方人员在国际足球组织任职人数

第一,指标单位:"人"。

第二,指标内容操作性解释:主要指在国际足球联合会任职的中方人员。

第三,数据收集方式:中国足球协会统计。

82. 外方人员在国内足球管理机构任职人数

第一,指标单位:"人"。

第二,指标内容操作性解释:指在国内足球管理机构工作的外籍人员。

第三,数据收集方式:中国足球协会统计。

83. 中方人员在洲际足球组织任职人数

第一,指标单位:"人"。

第二,指标内容操作性解释:指在洲际足球联合会任职的中方人员,如欧足联、亚足联,以及在各大联赛组织任职人员,如英足总。

第三,数据收集方式:中国足球协会统计。

84. 引进外籍球员人数

第一,指标单位:"人"。

第二,指标内容操作性解释:指在职业球队效力的外籍球员。

第三,数据收集方式:各俱乐部填报。

85. 引进外籍教练员人数

第一,指标单位:“人”。

第二,指标内容操作性解释:指国家队及各职业俱乐部引进的外籍教练组成员,包括主教练、助理教练、体能教练等教练组成员。

第三,数据收集方式:中国足球协会、各俱乐部填报。

86. 外籍球队服务人员数

第一,指标单位:“人”。

第二,指标内容操作性解释:指国家队及各职业俱乐部引进的外籍球队服务人员,包括队医、心理师、技术分析等人员。

第三,数据收集方式:中国足球协会、各俱乐部填报。

87. 本土球员输出人数

第一,指标单位:“人”。

第二,指标内容操作性解释:由国内培养成长在国外职业俱乐部效力的球员。

第三,数据收集方式:中国足球协会、各俱乐部填报。

88. 本土教练员输出人数

第一,指标单位:“人”。

第二,指标内容操作性解释:由国内培养成长在国外职业俱乐部从事教练员岗位工作的人员。

第三,数据收集方式:中国足球协会、各俱乐部填报。

89. 足球领域境外资本引入总量

第一,指标单位:“万元”。

第二,指标内容操作性解释:由境外企业或集团投入到中国足球领域:职业足球、足球服务、足球用品业的境外资金。

第三,数据收集方式:企业调查。

90. 境内资本在国外足球领域投资额

第一,指标单位:“万元”。

第二,指标内容操作性解释:由中国企业和集团投入到国外足球领域:职业足球、足球服务、足球用品业的资金。

第三,数据收集方式:企业调查。

91. 中外足球交流活动次数

第一,指标单位:“次”。

第二,指标内容操作性解释:指调查年度内的各类交流活动,包括足球友谊赛、各种考察学习、技术技能交流、人才培养交流、科研学术交流、用品展览等。

第三,数据收集方式:足球协会、各足球俱乐部、教育行政部门填报与企业调查联合统计。

92. 中外足球交流活动参与人次

第一,指标单位:“人次”。

第二,指标内容操作性解释:指调查年度内参与活动的人次,指参加活动的主体人员,不包含现场服务、安保服务、志愿服务等人员。

第三,数据收集方式:足球协会、各足球俱乐部、教育行政部门填报与企业调查联合统计。

附录二:相关论文

公共治理理论视域下中国职业足球的危机及其应对*

易剑东　郑志强

摘　要:后奥运期中国体育事业将由建设体育大国向建设体育强国的方向实施战略转移,中国足球职业化进程中传统行政管理模式已经难以适应足球市场的迅猛发展,未能明确产权关系、未能明晰治理结构、未能明了相关利益等问题也降低了中国足球的发展动力和效率。借助公共治理理论我们认为逐步实现管办分离、健全俱乐部治理机制、完善运动员保障机制、加强社会舆论监督是解决中国足球现阶段面临危机的有效途径。

关键词:职业足球,危机应对,公共治理

自1993年以足球为突破口率先进行体育职业化改革以来中国足球并未如国人所预期的那样“一改就灵”。近年我国职业足球市场每况愈下,各俱乐部经营困难,赞助商纷纷退出,球员转会纠纷不断,俱乐部、媒体与中国足球协会矛盾重重,青少年足球人才严重萎缩等问题层出不穷。各级球队比赛成绩也今不如昔。足坛乱象的背后各种假球黑哨成为公开的秘密。对中国足球有一种极端观点认为足球职业化改革彻底失败必须

* 基金项目:国家社会科学基金重大招标项目“中国体育产业政策研究”(09&ZD054)。

回到计划体制。然而放眼全球足球市场却是一片欣欣向荣的繁荣景象无不昭示着职业足球的强大生命力。经济基础决定上层建筑,上层建筑又反作用于经济基础。来我国职业足球积累的市场经济基础客观存在,社会主义市场经济在调配体育资源上的优越性无可比拟,市场机制在中国足球资源配置中的基础性地位不应动摇,中国足球不可能逆潮流回到计划体制。

国内对中国职业足球的问题研究已渐成热点,温祝英(2010)认为必须在强化道德规训的基础上完善法律控制,确立司法介入机制,合理设置罪名以期最大限度地防范和减少"黑哨"现象的发生。郑志强(2010)提出了一套旨在保护职业足球俱乐部中有重大利害关系的投资方的制度安排。倪刚和冯维胜(2009)认为职业足球俱乐部应贯彻政俱分开、推行多元持股、完善俱乐部内部权力配置和健全选聘、激励与约束机制。周国均和王长蓥(2005)认为足球"黑哨"已经严重制约着我国足球事业的发展,"黑哨"行为已符合我国刑法规定的受贿罪的犯罪构成要件,并提出通过完善足协内部管理机制、完善相关对其监督的机制以,及加强对腐败问题的惩治和舆论监督等途径综合遏制足坛"黑哨"等腐败现象的建议。这些研究多从微观(俱乐部)领域对职业足球的治理进行了研究并取得了一定的进展。

但笔者认为这些尚未能应用现代公共治理理论对职业足球市场进行系统分析,这使其提出的对策可能有"头痛医头,脚痛医脚"的弊端。因此通过公共治理理论建构一个适合中国职业足球发展的研究框架是本文写作的初衷。

一、我国现有足球管理体制的三种弊端阻碍了职业足球的健康发展

(一)未能明确产权关系促使全能管理思维统摄职业足球

必须承认中国推行职业足球联赛的主要原因是国家队成绩的下滑,

其主要目的是提高中国国家队的水平和成绩。这种行政任务主导下的改革从一开始就没有将明确产权作为改革的前提和保障,使足球主管部门的全能乃至万能管理思维贯彻在所谓职业足球的全过程和全方位。中国职业足球的管理体制基本沿用原有体制,绝大多数权力掌握在足球主管部门手中,对外称足协人员的足球管理者们都是有编制的国家干部,负责足球联赛的赛制确定、裁判选拔监督、运动员培养、各级国家队参赛后备人才建设、商务开发。这种管理的特点是:中国足球协会(足球运动管理中心)操纵联赛委员会足球协会领导人担任董事长的中国足球联赛有限公司操纵联赛运营,以追求国家队成绩为理由干扰职业足球联赛(如要求俱乐部队为国家队比赛让路),甚至联赛办公室干预球队训练内容乃至地点。

由于中国职业足球改革的动机是具有明显行政体育色彩的"提高国家队水平和成绩",而不是让职业足球市场的投资者——俱乐部实现营利目的,使得俱乐部被迫将投资足球变成获得行政资源而不是获取足球市场利益的手段,投入产出、成本收益的观念在足球市场中被忽视,一些俱乐部非理性地将大量资金投入足球圈,造成球员工资严重脱离中国实际。

早期不少所谓的职业俱乐部未能明晰地方主管足球机构与职业俱乐部的产权关系,运动员归属地方体育主管部门,工资却主要由俱乐部支付,运动员商业开发的相关权益也没能得到明确的界定。这种产权模糊不清的状况的持续使得我们的职业俱乐部离自主经营和自负盈亏的市场主体的要求相距甚远。

可以说从市场供需规律和企业逐利本质所要求的管理模式看我们的职业足球管理从一开始就背离了职业足球所要求的市场主体自主、市场利益为本的基本要求。

(二)未能明晰治理结构引发法人角色错位干扰职业足球

在中国职业足球的运营管理体系中,从国家体育总局到足球运动管理中心,从中国足球协会到福特宝公司和中超公司正好充当了机关、事业、企业、社团四种法人的角色。四种角色存在依次统摄和服从的牵制关系也出现责任依次被推脱的无人担责的懈怠。

以行政手段管理和运营职业足球的管办不分带来的问题是管理效率低下。

足球职业化改革后,市场参与者众多,供给需求瞬息万变。赞助商、成千上万的消费者、媒体等无不参与其中,此时的足球市场要素十分庞杂,各种市场主体竞争和合作格局也异常复杂。高度分化和急需整合的足球市场对于监管者和运营者的要求空前提升。这一切都给适应计划体制时代管理方式的足球主管部门带来了严峻的挑战。由于视野能力、编制规模等制约,中国足球主管部门数十人需要承担繁重的市场分析、决策和管理职责,常常只能疲于应付,不时地出现因不理解法律原则、国际规则、市场法则、媒体通则等导致的问题。近年中国的足球主管部门对国内外足球行业的发展变化缺乏快速分析和处理能力,对国外足球管理的成功经验缺乏灵活的运用能力,对球迷、俱乐部、媒体的呼声与要求缺乏良性回应,使得中国足球圈与社会各界的关系急剧恶化,中国足球的社会形象和国际形象前所未有地走向负面。这些都可以看成是这一弊端的延伸。

二、中国职业足球危机应对——从公共治理视角的解读

20世纪70年代末80年代初以来,为让市场在资源配置中发挥更大的作用,降低政府管理与社会的成本,增强国家的竞争力,发达国家纷纷进行了大规模的行政改革,主要通过由不同类型的主体承担性质不同的职能来分担综合性管理部门的责任,使其能够专事决策工作,此举也可以防止某个部门权力过于集中。这种改革被称为分散化公共治理。分散化公共治理使决策职能与执行职能分离,充分发挥了社会分工的作用,大大提高了政府提供公共服务的效率和有效性。足球市场的问题实质也是我

国现阶段社会转型问题的一大缩影，仅仅依赖于政府部门的“大包大揽”已无济于事，需要足球市场关系中的各个层面的行为体共同参与和国家权力的适当分流。改革现有的足球管理模式，逐步推行分散化公共治理是化解现阶段我国足球市场危机的一种有益探索。管理者、俱乐部、球员、媒体、球迷是我国职业足球市场的主要参与者，如何使他们都成为足球市场的治理者，而非消费者明确其权利义务，使其承担更多职能是提高足球市场绩效减少各种不端行为的有效途径。

(一)中国足球协会与足球运动管理中心职责分明

依据公共治理理论管理者和监督者必须由不同的人担任。足球管理中心负责职业足球市场监管职责而足协负责行政管理事务。足球管理中心内设立的监管机构架构上仍隶属于国家体育总局以保持政策的一致性同时它在法律地位、组织、负责人的任免、财政预算、监督机制等方面又应相对独立不受外界与部门的干扰。从现有足球体制看直接建立独立于原有部门监管机构的阻力较大，可以考虑在部门内设立相对独立的监管机构，待条件成熟以后，再逐步从原部门中分离出去。

中国足球协会作为社团，应承担不同于国家政府部门的调节任务。历史已经多次证明，足协作为“第二政府”是难以为继的。足协应积极进行实体化改革。重建公信力回归真正自立、自主、自管、自律、自养的民间组织角色，实现完全社会化和市场化运作，并体现平等的社会主体地位。由行业会员自己选评出领导层，同时财务独立。足协领导的作用在于协调各市场参与者参与治理的努力而非替他们做决策。行业协会不能与行政机关一起办公，人员和资金不能依赖行政机关，也不应有公务员或者事业编制；健全法制规范体系和监督机制；广泛接受社会监督和政府监管；完善规范的准入和退出制度；发挥其在政府、公众、业界以及政府组织之间的润滑剂作用。此外，足协应尽快制定受到包括俱乐部、球员和广告赞助商认可的商业惯例和行业标准，承担对足球市场行政管理职责。

(二)要健全政府规制与公司自治相结合的俱乐部治理机制

俱乐部作为足球市场的企业主体,不能自治就丧失了市场经济主体的地位,不能称之为“公司”。

解决中国足球市场的问题,既要重视“政府规制”但更要把握“公司自治”。要重视俱乐部内部的治理,恢复其自我约束、自我规范、自我管制的自治力,这才是根本出路。而政府监管、足协机构协调等只是手段,必须使俱乐部能够自治而且必须自治。俱乐部的公司治理包括三个方面:一是健全公司治理结构的组织,包括股东会、董事会、监事会和公司管理层的构建方式,主要是它们之间的职责、权限的配置以及权力行使方式和程序的规范。二是制订投资者(股东)与董事会、董事会与经理层之间委托代理关系的规范,包括授权机制、委托人对代理人的激励与约束机制的规范。三是相关利益集团(地方政府、社会中介机构、员工、球迷、供货商、所在社区等)对公司重大经营决策、经营活动以及经营业绩的监督和了解,可以借鉴上市公司的独立董事制度。

(三)应完善职业足球运动员的保障机制

职业足球依靠运动员参加比赛来完成生产环节,因此职业运动员是最重要的生产要素。但现阶段运动员的权利得不到应有的保障,足球运动员签订的很多都是阴阳合同、霸王合同,除了少数球星,大多数足球运动员收入很低,没有养老保险、医疗保障,欠薪成为家常便饭,球员更动辄因球场上正常的失误被处以“三停”(停薪、停训、停赛)。

运动员保障机制不健全的直接后果有两个。一是许多人参与赌博、赌球。作为足球市场主角之一的运动员的正当权利得不到保障,假球也成为其反抗的一个“武器”,难以根治。二是青少年足球基础严重萎缩,足球运动整体水平下降。我国足球职业化初期有注册青少年球员 65 万人,现在不到 7000 人。足球学校最多的时候有 450 多所,现在只有几十所。足球人口萎缩才是近年我国足球屡战屡败的最根本原因。当职业足球运动员成为受人欢迎的职业之后,才可能吸引更多的青少年参与到足球运动之中。

因此,足球管理者和俱乐部应尽快完善球员的保障机制。首先,应积极推动运动员自由转会制度,即合同期满应该允许球员自由转会,这既是对球员合法权益的保护也是符合国际发展潮流的。其次,建议每年由足协聘请律师协助球员签署合理的劳资合同,对一些显失公平的工薪合同及时通报足协。再次,应完善球员培训制度和退役保障制度,在球员注册为运动员时即要求俱乐部和球员共同缴交社会保障金和培训费,每年为球员举办各种形式的职业培训,为球员退役提供基本保障。最后,在条件成熟时可以考虑成立运动员工会,使球员能组织起来保障其合法权益,使运动员成为制衡、监督市场的重要力量,共享足球改革的收益。必须认识到,球员的合法权益得到保障是提高我国足球水平治本之策。

(四)应该加强与社会监督机制

阳光是最好的防腐剂,因此,若要足球市场权力制衡不退化,不异化,必须依靠媒体的力量。媒体监督揭出足球市场的种种黑暗可能令人触目惊心,但它的目的和后果是将更多的信息向更多的市场主体披露,以惩治腐败,完善市场主体的决策过程,将促进足球市场的自我调节和完善。我们提出以下建议:

首先,足球管理部门必须重视社会媒体监督必要性和重要性,做到"善待媒体、善用媒体、善管媒体",因为媒体与各级足球管理部门之间,并不存在意识形态和根本利益上的冲突。足球管理者必须认识到一旦离开了社会媒体监督,就不可能培植社会公众对足球管理者的信任感、提高社会对足球管理者的信任度,改善足球市场公共服务的质量。

其次,足球管理部门与国内权威媒体必须建立一种"建设性的合作伙伴"关系。媒体报道对提升职业足球的知名度和影响力作用明显,足球管理者必须充分利用包括中央电视台在内的权威媒体和门户网站等新兴媒体,可以考虑与这些媒体建立战略合作伙伴关系,邀请一些足球专家和专业记者等对每场赛事的亮点和争议进行报道、点评，一方面可以扩大足球市场的影响力，另一方面也可以借助媒体力量对可能存在的不法行为进行监督和震慑。

最后，可考虑推行职业足球从业者和俱乐部的强制性信息的公开披露制度。从现在足坛腐败的范围、程度以及社会环境对足坛腐败的容忍程度看，我国职业足坛推行从业者和俱乐部强制性信息公开的条件已经成熟，可以试行，具体举措包括足协领导、裁判、运动员财产申报制度、各职业俱乐部每年财政状况公开披露。

三、结语

随着全球市民社会运动而来的公共治理是解决我国职业足球危机的重要理论基础——通过由不同类型的主体承担性质不同的职能来分担综合性管理部门的责任，有助于提高其决策效能并减少腐败。足球市场公共治理机制是一种不断演进的互动决策过程，强调在体育管理部门、足协、俱乐部、运动员、媒体和社区之间形成共同参与有关市场事务调节的合作伙伴关系。其治理规则形式上既包括正式的国家法律，也包括非官方的关系规则（如交易习惯）；其执行体系是非集中化的执行与国家强制力执行的结合。因此，事企、政企分开、完善职业足球俱乐部治理机制和运动员保障，强化足球的社会监督等是我们认为的有效途径。总之，足球市场的所有参与者应通过畅通的信息流动机制营造共识，在程序化的范畴内参与足球市场管理是化解现有市场危机并最终提升其绩效的捷径。

本文参考文献：

[1]全球治理委员会. 我们的全球伙伴关系（Our Global Neighborhood）[M]. 牛津大学出版社，1995：2-3.

[2]俞可平等著. 中国公民社会的兴起与治理的变迁[M]. 北京：社

会科学文献出版社,2002:6 .

[3]格里·斯托克. 作为理论的治理:五个论点[J]. 国际社会科学杂志(中文版),1999(01).

[4]温祝英. 德法并重:治理足球"黑哨"的路径选择[J]. 广州体育学院学报,2011(2):60-63.

[5]郑志强. 论职业体育俱乐部治理机制[J]. 北京体育大学学报,2010,33 (6):5-8.

[6]倪刚,冯维胜. 我国职业足球俱乐部公司治理结构反思[J]. 天津体育学院学报,2009(5):39 -402.

[7]周国均,王长蓥. 足球"黑哨"问题之法律透析及其治理[J]. 北京体育大学学报,2005,28(4):45-48.

[8]经济合作与发展组织. 分散化的公共治理[M]. 北京:中信出版社,2004.

(作者:易剑东,郑志强;原文于 2011 年 12 月发表在《北京体育大学学报》第 34 卷第 12 期)

论完善中国足球法人治理结构的关键问题

——写在《中国足球改革总体方案》颁布一周年

易剑东　施秋波

摘　要：当前，国家体育产业政策中已经有明晰的法人治理结构的观念，中国足球的改革和发展也呈现出建立法人治理结构的迫切需求。然而，我国并不完善的法人制度、传统的单位管理体制、足球领域不系统的法人治理理念，使得当下中国足球的法人治理结构面临一系列问题。因此提出：(1)我国需要的是俱乐部的法人治理结构，还是中国足协的法人治理结构，抑或整个中国足球的法人治理结构？(2)中国足球是否需要自治？谁的自治？怎样的自治？(3)中国足球协会是否需要明确法人属性？应该定位在实际事业法人，还是名义上的社团法人？(4)推动中国足球发展的4种法人(机关、事业、社团、企业法人)的关系如何处理？当下突出强调中国足协和足球理事会的社团法人资格，那么事业法人和企业法人的地位如何处理？(5)各类关系到中国足球改革发展的法人的责任、权利和义务何在？

关键词：体育管理，足球，法人治理，管理体制，中国

2010年，国务院办公厅发布《关于加快发展体育产业的指导意见》(22号文)，标志着国家层面推动体育产业发展。2014年10月国务院发布《关于加快发展体育产业促进体育消费的若干意见》(46号文)，将全民健身上升为国家战略。2015年3月，中共中央正式对外发布《中国足球改革发展总体方案》，2015年8月，国务院足球改革发展部际联席会议办公室印发《中国足球协会调整改革方案》。2016年2月，中国足协相关负责人在接受新华社记者采访时表示，国家体育总局足球运动管理中心

已撤销,中国足协与国家体育总局的“脱钩”已基本完成。这一切,标志着中国足球发展已经提升到国家战略高度和法人治理层面。

通读上述 4 个文本,特别是 2014、2015 年相继推出的两个文本,笔者强烈感受到体育产业发展和足球改革受到国家和政府前所未有的重视,制定的方案和目标也十分全面,发出对中国体育未来改革和发展具有强烈指向性的信息。本研究期望从法人治理结构维度,围绕中国足球现存的关键问题展开论述,希望为已经被提到最高层面、凝聚和寄托着亿万国民关切的中国足球改革和发展提供一些思路。

法人治理结构,英译 Corporate Governance Structure,原本属于企业处理所有权与经营权分离以及决策、执行、监督、权力制衡的一种制度设计,后来也被广泛应用于各级各类组织的治理。而在《中华人民共和国民法通则》中也有机关法人、事业法人、企业法人、社团法人的 4 种分类。虽然目前的现实情况比较复杂,但当下中国的法律规定基本按照 4 分法审视法人的类别。而在国际上,乃至在中国法律学界,法人问题都远比现实的 4 分法更加复杂。我国目前存在缺陷的法人制度肇因于不完善的市场经济背景,对法人制度的 4 分法在当时特定社会形态下是为实现特殊行政管理职能而进行的创制。

可以大体理解为:国务院办公厅的 22 号文是国家层面第一次推动体育产业发展的政策,国务院的 46 号文具有相对更高的法律属性。这两个政策文本都是从整体上推动体育产业的发展(也提及体育事业发展),对足球改革总体方案也具有保障功能。

一、两个体育产业政策和两个足球政策文本中潜隐的法人治理观念

(一)2010 年国务院办公厅的 22 号文

这个文本比较多地涉及不同部门和机构的职能和责任,但没有明确提出建立法人治理结构的理念。文本中提及:加快建立完善有利于体育

产业健康发展的体制机制;形成体育公共服务与市场服务相互结合、体育事业与体育产业协调发展的良好局面;建立、健全相关法规,完善监督管理机制,明确监管主体及其管理职能和各类市场主体的权利义务,规范体育市场主体行为,维护市场秩序,促进体育市场规范发展;坚持政企分开、政事分开、政社分开、营利性与非营利性分开原则,充分发挥市场在体育资源配置中的基础性作用,消除和防止对体育市场资源的限制和垄断。特别在第十一部分"加强对体育产业发展的领导"中专门谈到政府部门的责任,强调"坚持政企分开、政事分开、政社分开、营利性与非营利性分开原则";第十二部分"鼓励支持群众性体育组织发展"谈到支持体育社团发展,强调"提高体育社团自我发展、自我管理、自我服务和自律规范的能力"。

从法人治理结构的视角看,这些内容涉及机关、事业、企业、社团法人的不同责任,但没有明确点出法人属性,似乎是从传统的单位属性论述。这种状况随"十二五"对社团组织的松绑和扶持政策实施及 2011 年推行事业单位改革发生改变,法人治理结构的观念不少领域得到传播。不过遗憾的是,法人治理结构的理念在 2014 年的 46 号文中依然没有通过名称明示出来,可以说依然是潜隐的。

(二)2014 年国务院的 46 号文

这个文本多处提出政府职能转变、简政放权、监督机制规范高效、强化市场监管、建立评价与监测机制等,更明确地提及:推行政社分开、政企分开、管办分离,加快推进体育行业协会与行政机关脱钩。这里已经比较明确地有法人治理结构的理念,但依然没有出现整体上的"法人治理结构"的概念。只是在谈到职业体育改革中有"完善职业体育俱乐部的法人治理结构,加快现代企业制度建设。改进职业联赛决策机制,充分发挥俱乐部的市场主体作用"的提法。

文本中相关的提法包括:充分发挥市场在资源配置中的决定性作用和更好发挥政府作用。减少微观事务管理。加强规划、政策、标准引导,创新服务方式，强化市场监管，营造竞争有序、平等参与的市场环境。培育发展多形式、多层次体育协会和中介组织。加快体育产业行业协会建设，充分发挥行业协会作用。吸引社会资本参与体育产业发展。政府引导，设立由社会资本筹资的体育产业投资基金。

通过比较发现：2014 年的 46 号文有一处提及“完善职业体育俱乐部的法人治理结构”，但没有提及企业法人以外的机关、事业、社团 3 种法人。这也与我国各种法律文本中，企业法人的论述大大多于其他法人论述的现状大体一致。

（三）《中国足球改革发展总体方案》

2015 年 3 月 16 日发布的《中国足球改革发展总体方案》共 50 条，大约 1/3 直接或者间接谈及法人治理结构问题。与前两个体育产业政策文本仅有一处谈及“职业体育俱乐部法人治理结构”相比，直接谈到“法人”概念的有 5 处：（四）中国足球协会作为具有公益性和广泛代表性、专业性、权威性的全国足球运动领域的社团法人，是代表我国参加国际足球组织的唯一合法机构；（七）建立决策权、执行权、监督权既相互制约又相互协调的机制。中国足球协会按照社团法人机制运行；（十一）完善俱乐部法人治理结构，加快现代企业制度建设，立足长远，系统规划，努力打造百年俱乐部；（十四）建立具有独立社团法人资格的职业联赛理事会；（四十）成立中国足球发展基金会，基金会作为非营利性法人，依法开展募捐、接受捐赠并资助足球公益活动。明显体现法人治理理念的超过 5 处：（五）按照政社分开、权责明确、依法自治的原则调整组建中国足球协会，改变中国足球协会与体育总局足球运动管理中心两块牌子、一套人马的组织构架；（六）中国足球协会不设行政级别，其领导机构的组成应当体现广泛代表性和专业性，由国务院体育行政部门代表、地方及行业足球协会代表、职业联赛组织代表、知名足球专业人士、社会人士和专家代表等组成；（十）俱乐部应当注重自身建设，健全规章制度，加强自律管理，遵守行业规则,积极承担社会责任,接受社会监督;(三十八)按照管办分离和非营利性原则,通过委托授权、购买服务等方式,招标选择专业的社会组织或企业负责管理运营公共足球场,促进公共足球场低价或免费向社会开放;(四十三)按照现代企业制度改造下属公司,使其逐步成为真正的市场主体,同时引入新的竞争主体,建立面向市场、平等竞争的格局。间接提及法人治理的也不止5处:(一)努力建立专业高效、系统完备、民主开放、运转灵活、法制健全、保障有力的体制机制;(八)逐步形成覆盖全国、组织完备、管理高效、协作有力、适应现代足球管理运营需要的协会管理体系;(二十四)鼓励机关、事业单位、人民团体、部队和企业组建或联合组建足球队;(四十五)引导有实力的知名企业和个人投资职业足球俱乐部、赞助足球赛事和公益项目;(四十六)建立足球改革发展部际联席会议制度。2015年3月《中国足球改革发展总体方案》共5处提到法人,比2014年的46号文多4处,但显著差别是:46号文唯一提到的是作为企业法人的职业体育俱乐部,而足改方案中5处除大体重复这一表述外,

其余4处涉及社团法人或非营利性法人,明显倾向于社团法人,其中的基金会被认定为非营利性法人。

(四)《中国足球协会调整改革方案》

2015年8月发布的《中国足球协会调整改革方案》全文约4300字,因为专门是对中国足球协会进行调整、改革,因此主要围绕强化中国足球协会的社团法人地位和职能的角度进行论述。全文有1处直接提到中国足球协会的社团法人属性:(二)理顺中国足协与国务院体育行政部门的关系。中国足协是具有公益性和广泛代表性、专业性、权威性的全国足球运动领域的社团法人,是管理足球项目普及与提高工作的全国性自律机构,是代表中国参加国际足球组织的唯一合法机构,是承担社会公共管理职能的社团组织。6处间接提及作为社团法人的中国足球协会治理问

题。在改革目标和指导思想层面的法人治理理念:“(一)指导思想。以《总体方案》为依据,全面调整改革中国足协,破除制约中国足球发展的体制机制障碍,创新中国足球管理体制,逐步形成依法自治、民主协商、行业自律的组织框架。(二)基本原则。科学定位,明晰职能。调整改革后的中国足协既是团结全国足球组织和个人共同发展足球事业、具有公益性质的社会组织，又是根据法律授权和政府委托管理全国足球事务、具有公共职能的自律机构,承担了体育部门在足球领域的管理责任。改革应当全面反映并实现中国足协的职能定位。(三)主要目标。形成专业高效、系统完备、民主开放、运转灵活、法制健全、保障有力的体制机制。”在体制机制改革层面的法人治理设计:“二、中国足协与体育总局脱钩。按照政社分开、权责明确、依法自治的原则,实现中国足协与体育总局脱钩,中国足协依法独立运行。(四)改革完善中国足协财务资产管理制度。中国足协要加大市场开发力度,做好足球运动无形资产开发和保护工作,不断增加无形资产开发收益,逐步提高市场开发收入在协会总收入中的比例。(五)健全中国足协内部管理机制。建立决策权、执行权、监督权既相互制约又相互协调的机制。”

2016 年 2 月 19 日,中国足协相关负责人 19 日向新华社记者介绍,“中国职业足球联盟”将在近期成立。这个全新的职业联赛管理运营机构,将在成立后取代目前的职业联赛理事会执行局。值得一提的是新的职业足球联盟被界定为“与中国足协平行的一级社团法人组织”。将职业联盟界定为与中国足协平行并不奇怪,但将其定位在社团法人,则是国际罕见的。因为按照职业体育的国际惯例,职业联盟一般是具有鲜明营利目的的企业法人。

二、完善中国足球法人治理结构的 5 个关键问题

第一,我们需要的是俱乐部的法人治理结构,还是中国足协的法人治理结构,抑或是整个中国足球的法人治理结构?

法人是针对组织而言的,但不同事务的管理往往需要多个法人的共同参与,因此,法人治理结构往往是不同性质的法人各自责权利的有机匹配。从这个意义上讲,具有显著公益性和产业性的中国足球,推动其改革显然需要动员社会各类组织的力量,由此就必然需要一个整体的法人治理结构来支撑。如一部分事务还在传统的政府机关和事业单位强势主导下实施,同时对企业和社团法人依照权利平衡和权力制衡来管理,势必带来不均等、不平衡的态势,进而影响足球改革发展事务的顺畅进行。

从目前文本提到的法人格局看,中国足球协会、职业联赛理事会都是社团法人并且相对独立,职业足球俱乐部是企业法人,中国足球发展基金会是非营利性法人(一般称为事业法人)。这里没有从法人层面谈具有机关法人属性的党委和政府,也基本没有论述企业法人的责权利。这样一来,部分单位不按照法人治理结构要求介入足球事务,部分单位依照法人治理结构的要求来参与足球治理,势必难以在一个合法而对等的范畴内理顺各自的责权利,最终难以按照法人治理结构来推进足球事务的治理。换句话说,目前的《中国足球改革发展总体方案》没有提及原来属于事业单位的足球运动管理中心何去何从,对中国足协下属的福特宝公司的地位也没有明确,只是要求中国足球协会"加快理顺与下属商务公司的关系,按照现代企业制度改造下属公司,使其逐步成为真正的市场主体,同时引入新的竞争主体,建立面向市场、平等竞争的格局"。按照这项要求,中国足球协会有下属为企业法人性质的公司,又希望引进新的竞争主体。这个新的竞争主体和目前的福特宝应该是什么关系,与中国足球协会又是什么关系?有归属于足协的公司,其他公司如何参与平等竞争?这些都是很棘手的问题。

当然,当下难度最大的问题在于:我们整个社会管理体系中政府部门和事业单位未能从法人层面上明确责权利,这是我国法人制度的局限。实际上,我国并无法律层面上的对法人类型划分标准的规定。有学者以为:"我国现行的民事立法为了直接实现国家对社会结构的总体构想,根据国家关于不同法人类型的功能预期,以法人是否具备从事经营性活动、追求盈利的职能,即是否通过提供商品和服务获取经济利益作为法人分类的标准,将法人分为企业法人和非企业法人。这种以法人治理国家构想之整体社会结构中所承担的国家为其分配的职能作为分类标准的法人分类模式,可以称之为'职能主义的法人分类模式'。"

以是否从事经营性活动、追求盈利为标准划分我国不同类型的法人,按此标准对我国的法人进行分类会造成我国法人类型划分结果的混乱,如我国存在不以营利为目的的企业法人。此外,关于事业单位法人的划分同样存在缺陷。方流芳指出:"事业单位法人化是一个历史的误会,公共机构的组织和治理应该遵循公权力运作的机制,而不是民法。"

随着社会的发展,社会组织呈现多样化的发展趋势,现有的法人划分类型无法囊括新型的社会组织形式,势必造成我国关于法人类型划分的逻辑矛盾和现实困境。可以说,上述我国整个法人制度的局限是整个中国足球实现全面法人治理的最大掣肘。

第二,中国足球协会是否需要自治?谁的自治?怎样的自治?

《中国足球改革发展总体方案》在"(五)调整组建中国足球协会"中专门强调:按照政社分开、权责明确、依法自治的原则调整组建中国足球协会,改变中国足球协会与体育总局足球运动管理中心两块牌子、一套人马的组织构架。紧接着具体解释自治权包括:中国足球协会与体育总局脱钩,在内部机构设置、工作计划制定、财务和薪酬管理、人事管理、国际专业交流等方面拥有自主权。

然而,当下的国际体育界对自治问题存在着激烈争论。如 FIFA 的相关丑闻、Sport Accord 与 IOC 的纷争背后引出的一般法律规制与体育自治的矛盾问题。在欠缺职业体育管理经验和社团管理法规乃至体育制度不完善的背景下,我们可以放心地给予一个刚刚从事业单位母体中分离出来的中国足球协会足够的自治权吗?中国足球协会能实现良好的自治吗?为了支撑其自治,我们还需要完善什么法规制度?至少需要在一个整体的法人治理框架内来规范其运行,这也是上文强调必须全面完善中国足球的法人治理结构的必要性所在!

第三，中国足球协会应该是事业法人？还是社团法人？

中国足球协会作为具有公益性和广泛代表性、专业性、权威性的全国足球运动领域的社团法人，是代表我国参加国际足球组织的唯一合法机构。这个表述和中国足球协会的现实情况是存在矛盾的。中国足球协会并不是"自愿组织"，而是强制性的所谓唯一合法机构，毕竟在计划体制下协会附属于政府，客观上不可能存在民间自发组织的协会。

中国足球协会根据相关法律与国家体育总局授权，依据该协会章程对全国范围内的足球事务实行自律管理。但事实上，中国足球协会的自律管理权并不是来自各地足球协会的集体授权，而是源于法律法规的规定和体育总局的授权。从目前中国足球协会的权力性质看，按照《体育法》《反兴奋剂条例》等所赋予的职责和职权所实施的对俱乐部和运动员产生一定行政法律效果的各种具体执法行为就是体育行政行为。竞赛管理本身不属于一种具体行政行为，由于拥有竞赛管理权而产生的对俱乐部和运动员所行使的申诫罚、财产罚、能力罚或称资格罚等就是具体行政行为。实际上中国足球协会及其他单项协会的章程具有准行政处罚条例的性质。其身份的复杂性决定了其管理行为也具有多样的法律性质：法律法规授权的行政管理行为；上级的行政委托管理行为；协会内部协调与服务行为。

所以，问题是在传统的足球管理体制下，名义上的足球协会行使了大量的行政权力，而要实现法人治理结构的优化，又必须给予足球协会充分的自主权，摆脱行政的管束和羁绊。但足球协会如果只是完全脱离足球运动管理中心，人员高度重合，能否实现真正的社团法人治理，委实是个问题。

如果不能明确中国足球协会的社团法人属性，现实需要是加快实现中国足球协会的实体化。1990 年 2 月，国家体委就推行中国足球协会实体化，希望其成为依法享有民事权利承担民事义务的社会组织。然而，中国足球协会要成为实体组织，就必须满足 3 个要求：成为管理本运动项目的主体，符合社团法人条件，形成依托社会、自我管理、自我发展的运行机制。从目前看,这 3 个要求达成的难度很大,受到的掣肘很多, 短期内不易实现。

第四,推动中国足球发展的 4 种法人(机关、事业、社团、企业法人)的关系如何处理?在推动中国足球改革发展中这 4 种法人的责任、权利和义务何在?

目前从我国的 4 种法人按照传统的单位管理而非法人治理的格局看,其实都有比较明确的责任和权利。相关内容在 2010 年的 22 号文和 2014 年的 46 号文都有比较全面的阐述。比如"(四十一)加大彩票公益金支持足球发展的力度"中提及:每年从中央集中彩票公益金中安排一定资金,资助中国足球发展基金会, 专项用于支持青少年足球人才培养和足球公益活动。积极研究推进发行以中国足球职业联赛为竞猜对象的足球彩票。

这里已经提到机关法人、事业法人、社团法人的职能和配合。现在的问题是:从法人治理结构的理想角度看,为了从整体上推进中国足球的改革和发展, 四种法人分别该有怎样的责权利?

前文已经谈到普遍实施法人治理结构在我国还有难度,但至少理论层面上的责权利梳理,对于建构一个形式上完善的中国足球的法人治理结构是有价值的。

笔者再次简单梳理机关、事业、企业、社团法人在中国足球整体的法人治理结构中的职责。

机关法人的职责是保障和主导。在足球这个全世界竞争最充分和最完全的项目发展的问题上,中央政府的主导确实十分必要。社会各种资源的调配、体育以外各种部门的强力介入,都是我国以往的体育部门特别是足球运动管理中心难以做到的。足球场地设施建设、足球人才培养等问题,都必须在国家政府和地方政府层面上来保障和主导,才可能突破原有利益固化的藩篱,为足球的发展迎来一个大好局面。

事业法人的职责是支持和引导。中国足球发展的事业法人不仅包括目前的足球运动管理中心,其实也包括众多其他事业单位。比如同为事业单位的中央电视台和地方电视台，自身既要完成很多并不盈利的公益项目，也要去市场上谋求赢利，这种复杂的义务边界在事业单位改革还没有完全到位的情况下，势必难以明晰。足球赛事组织者和电视机构之间的博弈就必然出现，如果有机关法人的推动和主导，电视机构和足球赛事组织者的利益共享、风险共担机制就可能建立，从而迎来双赢而不是拉锯或者双输的局面。

企业法人的职责是运营和驱动。足球需要政府来推动和主导，需要事业单位支持和引导，并不意味着足球就是一个纯粹公益不需要企业参与和私人投资的事情。从这个意义上说，笔者赞同《总体方案》关于职业足球建设的条款，只是觉得与其“推动社会足球与职业足球互促共进”，不如强化校园足球与职业足球的有机联系和互动。笔者在美国纽约访学期间，发现社会足球确实比较发达，教师、公务员和老板们下班后聚集在公园踢球比较普遍，但中国目前多数足球场在学校，面向社会开放的公共足球场数量有限。若完整的校园足球 4 级体系建立起来后，对于业余足球、专业足球、职业足球的支撑和依托价值将是无与伦比的。

社团法人的职责是支撑和发动。社团是志趣者团体组成，对于足球的共同兴趣爱好组成的足球球迷社团是中国足球发展的重要支撑和必要依托。遗憾的是，这些年中国足球，包括职业足球发展中对于球迷组织的重视程度不够，中国目前多数职业足球队除比赛以外，与社会几乎没有接触。美国几乎所有职业俱乐部都高度重视周边和社区的关系，使得其职业体育在社团的支持下持续发展。

第五，当下突出强调中国足协和足球理事会、职业足球联盟的独立社团法人资格，三者的关系如何处理？我国事业单位与企业、国家机关之间的关系非常复杂，集中体现在：机关法人既能设立机关法人，也能设立企业和事业单位；事业单位法人也可以设立事业单位、企业；企业法人不仅可以设立自己营业方面的分支机构，也可以设立事业单位。

事实上，机关和事业单位也可以设立社团法人，而且社团法人也可以设立自己的企业。这种情况在国际上并不鲜见，比如属于国际性社团法人的国际奥委会就有自己的奥林匹克转播有限公司,中国足球协会也有下属的福特宝公司。然而,两个独立的社团法人之间建立归属关系,并且有交叉任职的情况,则是社团法人治理的新现象。《中国足球改革发展总体方案》中提及:建立具有独立社团法人资格的职业联赛理事会,负责组织和管理职业联赛,合理构建中超、中甲、中乙联赛体系。中国足球协会从基本政策制度、俱乐部准入审查、纪律和仲裁、重大事项决定等方面对理事会进行监管,派代表到理事会任职。理事会派代表到中国足球协会任职,参与有关问题的讨论和决策。2016 年 2 月中国足协相关负责人将(即将成立的)中国职业足球联盟定位为与中国足协平行的一级社团法人,这个联盟与中国足球协会的关系如何处理?如果各职业俱乐部是企业法人属性,他们又如何在一个定位为社团法人属性的职业足球联盟领导下去实现自身的职能?尤其是社团法人不能分红的规则如何让作为企业法人的职业俱乐部去遵循?退一步说,要真正将中国职业足球发展定位在更加注重公益性的层面,进而将中国的各个职业足球俱乐部改组为社团法人,这个改革如何实施?

2016 年 1 月,以姚明为代表的 18 支中国职业篮球俱乐部负责人组建中国职业篮球职业俱乐部(北京)股份有限公司,意图促进俱乐部与篮协形成真正意义上的利益共同体。但现行的中国职业篮球俱乐部多未进行现代企业制度建设和篮球商务开发机制改革,想一步到位建立中职篮篮球职业俱乐部有限公司,其实面临着先天不足的缺陷。同理,各职业足球俱乐部尚未进行真正的现代企业制度和职业足球商务开发机制建设,同样面临着不小困难。或许,这就是目前有关方面将中国职业足球联盟定位在社团法人层面的原因。但最终职业足球联盟应该成为企业法人。

中国足协与职业联赛理事会关系如何?职业联赛理事会是中国足球协会的分支机构吗?两者都是独立的社团法人,到底谁掌握大局、掌控全局?中国足球协会派出人员在职业联赛理事会中占多大比例,各自的决策、执行、监督职能如何制衡?

关于中国职业足球联盟将成立的新闻还提到,要让中国职业足球联盟取代职业联赛理事会执行局。职业足球联盟与中国足协一个级别,而职业联赛理事会按照中国足球改革总体方案的设计,充其量与中国足协一个级别,其执行局的级别自然要低于中国足协、职业联赛理事会和职业足球联盟。这种设计,是否意味着整个职业联赛理事会也不会存在了?

在这种法人治理结构中,目前从名称看比较混乱。中国足球协会自身应该有作为执行机构的理事会,这个理事会与职业联赛理事会是什么关系?在中国足球协会的会员代表大会中,职业联赛理事会成员占多大比例?交叉任职如何安排,如果进入各自的决策层,比例该是多大?职业足球联盟中该有多少中国足协的代表?俱乐部和足协的权利分配如何确定?

按照职业联赛的主体应该是作为企业法人的职业俱乐部这一常规,职业联赛理事会能否成为独立的企业法人而不是社团法人呢?毕竟职业联盟和职业俱乐部都有营利目的的企业法人,其自身作为企业法人在作为社团法人的中国足球协会管辖下就可以,为什么又要让作为企业法人的职业俱乐部再次通过一个同样为独立社团法人的职业联赛理事会来管辖呢?是否会增加管理层级,使组织不够扁平化?

从国际职业足球发展的情形看,多数国家职业联盟虽然受到足球协会的管辖,但多数职业联盟自身是营利性企业。日本职业足球联盟在联赛还没有开始就成立了,是一个独立运营的社团法人组织,主要负责职业联赛的运营和管理。职业联盟的组织结构分为 5 层:J 联赛总会、联赛主席、理事会(主席)、J1 和 J2 联赛执行委员会、联赛事务局。其职业足球联盟在具体事务上做到了完全脱离足协,J 联赛迷秘书长中西大介曾认为脱离足协提高了职业联盟的办事效率。

我们既然要让职业联赛理事会定位在独立的社团法人,又不让其独立,而是受到中国足球协会的管辖,这里就有可能造成职业联赛理事会的组成主体——职业俱乐部的权利得不到有效保护,这对于调动作为企业法人的职业足球俱乐部的积极性显然是不利的。2016 年将成立的职业足球联盟继续定位在社团法人层面,那职业足球俱乐部的经济权利和营利动机如何保障？而且社团管辖社团面临的问题也可能是多元、复杂的，需要解决的法律问题应该不少。

三、建构中国足球法人治理结构的基本保障

第一，机关法人、事业法人、企业法人、社团法人的责权利明晰。

我国没有法律层面对法人类型划分标准的规定。2002 年 12 月 23 日，全国人大常委会法制工作委员会主任顾昂然在第九届全国人民代表大会常务委员会第三十一次会议上所作的关于《中华人民共和国民法(草案)》的说明中也承认：民法通则将法人分为企业法人、机关、事业单位和社会团体法人，现在社会中介组织越来越多，民办、合资办学校、医院等日益增加，很难归入民法通则划分的 4 类法人。有关民事主体以及法人分类，如何规定为好，需要进一步研究。

法人的责任，是指法人组织对其行为承担的一切法律责任，包括民事责任、行政责任和刑事责任。法人的独立责任是由其独立的民事主体地位决定的。企业法人是以营利为目的、从事经济活动的法人，是法人制度数量最多、参与民事活动最普遍、财产流转数额巨大的一种，是社会经济活动的最主要的主体。机关、事业单位和社会团体法人，又统称为非企业法人，是主要从事非经济活动，并不以营利为目的的法人。非企业法人从事国家行政管理，社会政治、经济、文化等各种事业和社会活动，同时也进行某些必要的民事活动，也是民事活动的主体。

机关法人是指从事国家管理或行使国家权力，以国家预算作为独立活动经费，具有法人地位的中央和地方各级国家机关。机关法人不得经商、办企业，不得违反财经纪律，滥用经费。

事业单位法人是指从事社会各项事业、拥有独立经费或财产的各种社会组织。这里的事业是指具有一定目标和规模、以社会利益为目的的活动，如文化、教育、科技、卫生、体育等事业。这里所说的从事社会事业活动，是指进行这方面的实际的、具体的活动。如演出活动、教学活动、科

研活动等。一些事业单位为了营利进行与其业务无关的营业活动,这些都属于违反事业目的或不符合其民事权利能力的行为。

企业法人除具备一般法人应具备的条件外,还必须拥有符合国家规定的资金数额以上的财产,必须有自己的组织章程。同时,企业法人必须经工商行政管理机关核准登记,才能成立。企业法人的设立和活动主要由调整横向和纵向经济关系的民法、经济法予以调整。企业法人主要从事营利性的经济活动,因而可以进行十分广泛的民事活动,但很少享有国家赋予的行政权力。企业法人广泛分布于国民经济的各个部门、各个行业。

社会团体法人是由若干成员为了共同目的而自愿组成的各种社会组织。如各种协会、学会、联合会、研究会、联谊会、促进会、商业等。社团法人的财产或经费来源:国家预算拨款、成员或其他组织的捐助或赠予、社会团体经营收入。其不得从事以营利为目的的经营性活动。

第二,体育政府部门、事业单位、体育企业、体育社团相互独立。

李景鹏用“政退市(场)进”“政退社(会)进”“政退民(众)进”“权退法(律)进”形容转型期中国的社会状态。2011 年启动的新一轮事业单位改革,以创新体制机制为核心。建立事业单位法人治理结构,是其中一项重大制度创新。对于中国体育而言,目前存在着 4 种法人并立的情况,问题是这些法人之间存在着交叉任职、上下统摄、左右腾挪的情况。这是整个国家转型时期的现象,也与体育行业、系统自身改革滞后有一定关联。

我国通行的社会团体法人普遍采用的治理结构模式是:会员大会或会员代表大会是最高权力机构;理事会是执行机构,在会员(代表)大会闭会期间领导本团体开展日常工作,对会员(代表)大会负责;理事会(部分社会团体还设常委理事会)承担大量决策职能,是实在的“决策者”。通常秘书长主持办事机构开展日常工作及其他工作,但社会团体章程也可规定理事长(会长)负责具体执行事宜,副理事长(副会长)、秘书长协助理事长(会长)开展工作;为加强内部监督机制,除会员(代表)大会可以进行监督外,可以设立监事会(或监事)专司监督职能。

对于致力于改革的中国体育事业单位和社团来说，这是一个值得借鉴的基本模式。如果这个法人治理结构得以推行，足球改革的试点能够率先完成，中国体育产业的治理结构也将随之得到完善。国家体育总局及其各司局、各运动项目管理中心、各单项体育协会以及大量的体育企业将在各自独立的法人治理结构中不越位、不缺位，各归其位，实现有效治理。

第三，体育政事分开、政社分开、政企分开、社企分开、事企分开。

按照《公司法》的规定，法人治理结构由 4 部分组成：股东会或者股东大会、董事会、监事会、经理。其他法人治理结构虽然可以参照企业治理来实施，但也不可照搬。

对于中国来说，长期以来机关和事业单位比较强势，社团法人处于依附地位，今后要实现整个体育产业的发展，势必要在各类法人责任、权利、利益明晰的基础上，保持各类法人相对独立，然后方可实现政事分开、政社分来、政企分开、社企分开、事企分开。

从惯例和现实看，机关法人的地位和责权利不存在疑问，但事业单位法人在当前事业单位改革背景下依然面临一些困惑，方流芳甚至曾指出："事业单位法人化是一个历史的误会，公共机构的组织和治理应该遵循公权力运作的机制，而不是民法。"

从 2015 年 3 月颁布的《中国足球改革发展总体方案》中可以看出，对于党委的地位很重视，对足协和职业联赛理事会均做出社团法人的界定，但一直对于事业单位属性的足球运动管理中心、足协目前下属的中超公司、福特宝公司的归属和去处均未给出说明。要实现上述各种法人的分开，必须在各类法人具体治理结构中做到相互兼容和监督，而不是彻底不交融。实现权力制衡和利益共享，这是法人治理结构的精髓。比如中国足球协会的理事会构成既要体现代表性，吸纳各利益相关群体，又要体现政府主导。因此应主要由 4 部分组成：一是政府或政府相关部门（发改委、财务、审计等）委派代表；二是举办单位代表（国家体育总局、中华全国体育总会、中国奥委会）；三是事业单位代表，除行政负责人等为当然理事外,其他事业单位理事可通过职工(代表)大会或其他形式民主选举产生;四是社会代表,主要由服务对象、社会知名人士及其他利益相关者代表组成,具体人员可由政府、事业单位、社会组织提名、推荐产生。

理事会可以下设咨询委员会或战略、审计、财务、薪酬与考核等专门委员会,其成员通过外聘或内选相关领域的专家代表组成,负责为理事会及管理层提供专业咨询建议并承担部分管理事务;在专业性强的单位如高校、研究院所等,可以将学术或专业决策权赋予相应的专业委员会(如学术委员会),体现专家治理要求。

我国目前社会运行体系和法律制度的特点决定全国实施法人制度的困难,这使得意图独自实现法人治理的中国足球面临着外部环境的掣肘;国外足球治理的成功经验和我国企业治理的现实成绩,对于我国足球实施法人治理具有积极的借鉴价值,如实现决策、执行、监督的制衡:即便中国足球实际上难以完全实现法人治理,但从理论设计上看,当下的相关文本仍存在着一定的完善空间,如不同性质法人的平等地位、利益均衡、有效互动等。

本文参考文献:

[1]蔡立东,王宇飞. 职能主义法人分类模式批判—— 兼论我国民法典法人制度设计的支架[J]. 社会科学战线,2011(9):180-186.

[2]方流芳. 从法律视角看中国事业单位改革[J]. 比较法研究,2007(3):27.

[3]杨阳. 论我国法人制度的缺陷及完善[J]. 法制与社会,2014,1(中):95.

[4]江平,赵旭东. 法人制度论[M]. 北京:中国政法大学出版社,1994.

[5]刘敬东. 行业社团社会化转型的路径选择:法人治理结构[J]. 陕西行政学院学报,2014(2):46.

[6]赵立波. 事业单位法人治理机构问题研究[J]. 中共浙江省委党校学报,2015(2):50.

[7]刘小康. 建立事业单位法人治理结构的理论再探讨[J]. 北京行政学院学报,2015(2):15.

(作者:易剑东,施秋波;原文于2016年5月发表在《体育学刊》第23卷第3期)

中央电视台的世界杯营销创新初探

易剑东

刚刚过去的南非世界杯,在不少数据上创造了世界杯历史上的新高,尤其是参赛球队收入和国际足球联合会(以下简称"国际足联")的收入。根据国际足联在世界杯开赛前的承诺,32 支参赛队的奖金总额高达 4.2 亿美元。而在 2006 年德国世界杯上,国际足联总奖金额只有 3 亿美元;2002 年韩日世界杯上,奖金只有 1.99 亿美元。与 1982 年西班牙世界杯相比,南非世界杯的奖金总额足足翻了 10 倍。

在这个数据背后,我们还发现,南非世界杯的现场观众数为 318 万,在世界杯历史上排第二位,只比 1994 年美国世界杯的 359 万现场观众数低。

而另外一些数据和情形,如赛事的精彩和激烈程度则似乎让人难以理解南非世界杯为何会取得超越历史的丰厚收入。南非世界杯的进球数只有 145 个,不及最近三届世界杯任何一届的进球数(1998 年法国世界杯 171 个,2002 年韩日世界杯 161 个,2006 年德国世界杯 147 个),这也成为本届世界杯遭人诟病的一个重要方面。

一、中央电视台的南非世界杯营销业绩

与国际足联不断鼓起的荷包、参赛球队屡创新高的收入相比,南非世界杯中国内地唯一的电视和新媒体版权拥有者中央电视台的收入也被圈内和圈外一致认为创了历史纪录。这个数字被不同的信息拥有者推断为 10 亿— 20 亿元人民币。

然而,在总结南非世界杯中国各媒体和企业业绩的过程中,笔者注意

到一个特殊现象:除中央电视台以外的几乎所有机构都乐意夸大自己推测的中央电视台世界杯营销收入,同时对于中央电视台的营销策略轻描淡写甚至不屑一顾,不少机构在进行所谓的世界杯营销颁奖时甚至没有将中央电视台列入其中。

一家广告监测机构的数据表明,包括门户和专业视频网站在内的整个中国内地互联网行业在世界杯期间的视频广告收入超过 9 亿元人民币。艾瑞咨询《2010 年世界杯热点营销研究报告》的调研数据显示,64.3%的网民首选通过网络媒体了解世界杯相关资讯,远高于 21.4%首选电视的网民比例。

这些数据是作为传统媒体的中央电视台在新媒体时代遭遇严峻挑战的表征。虽然国家广电总局的政策护佑和作为国家电视台的传统优势,使中央电视台获得了中国境内南非世界杯电视、广播、新媒体(含互联网、手机及其他所有新媒体平台)转播权及其分授权权利、视频点播权、音频点播权及其转授权权利。但我们必须看到,中央电视台在自身的营销方面下足了功夫,从而创造了属于传统媒体的辉煌的营销业绩。

根据中央电视台发布的盘点数据,南非世界杯期间北京时间 22:00—24:00 赛事播出期间(6 月 11 日—7 月 3 日),CCTV-5 的收视增长最为明显,市场份额是世界杯前的近 10 倍。2:30—4:30 赛事播出期间,中央电视台的收视份额高达 60.49%,而世界杯前 1 个月同时段的数据仅为 31.99%(详见表 1、表 2)。

表 1　CCTV-5 世界杯比赛期间与平日赛事时段市场份额对比

赛事时段	世界杯前一个月%	世界杯期间%
2:30~4:30	7.12	42.09
19:30~21:30	2.16	14.18
22:00~24:00	2.47	24.11

表 2　世界杯赛事时段 2:30~4:30 中央电视台与其他电视媒体市场份额对比

频道类别	世界杯前一个月%	世界杯期间%
中央电视台	31.99	40.49

续表

频道类别	世界杯前一个月%	世界杯期间%
省级上星频道	35.14	13.60
其他频道	32.86	25.91

二、中央电视台的南非世界杯营销策略

综合来看，南非世界杯期间中央电视台的营销策略基本是科学合理的，贯穿了整合营销传播理念、全方位沟通策略和系统保障服务。

（一）广告资源说明会起到了沟通资源的良好效果

中央电视台分别于2010年3月30日、4月2日、4月6日、4月9日在北京、上海、广州、厦门举办了央视2010年南非世界杯节目广告资源说明会。通过广告资源说明会等手段，中央电视台吸引到的南非世界杯广告客户包括可口可乐、阿迪达斯、耐克、奔驰、奥迪、索尼、青岛啤酒、雪花啤酒等，可谓大客户云集，实现了广告销量和质量的大飞跃。

（二）搭建全媒体营销平台

中央电视台经过2008年北京奥运会的锤炼，已经形成了全媒体联动，尤其是手机、互联网络与电视联动的机制，整合了原先央视网的中国网络电视台与各大商业网站进行了广泛合作，在出售点播权方面收益颇丰，有媒体预测其收入在2亿元左右。

中央电视台通过与各种媒体联姻，进行跨媒体回报的设计，为广告主提供了全媒体传播的平台。在渠道推广上，央视一方面依托CCTV-1、CCTV-5、CCTV-7等平台推广，另一方面利用CNTV及下属手机媒体、全球iPhone平台、公交移动等联合推广。此外，中国网络电视台还高度重视广告主的需求，借助团队服务与沟通策略，为其提供技术及后台系统保障，包括领先技术广告发布系统服务、专业化广告执行及广告投放优化服

务以及广告数据收集、结案报告、后世界杯营销投放建议等全方位服务。

三、从世界各国南非世界杯的收视情况看中央电视台的广告营销策略

从狭义的营销概念看,作为大众传播媒体的中央电视台南非世界杯的营销受众,应该主要是各大广告商。而广义的营销,尤其是整合营销传播的理念告诉我们,仅仅局限于向广告商营销,已经无法满足现时代电视媒体赛事营销效率提升和效益增长的需要。这从一定意义上表明,中央电视台必须下功夫研究节目收视的特点和规律,从而制定合理的广告投放和收益法则,实现电视台与广告商的共赢。从中央电视台公布的南非世界杯收视率最高的10场赛事看,其中居然没有一场半决赛、三四名比赛和决赛(详见表3)。也就是说,中国观众的收视呈现出比较明显的差异化、集群化特征。其中最后的四场比赛都不在收视率前10名的范围内,这个结果与中央电视台广告营销方案的预设是不一致的。整个世界杯期间,中央电视台除对加时赛和点球大战等赛段有专门的广告设计外,其余广告基本不考虑收视差异,只承诺播出频次。这种广告营销方案固然比较保险和稳当,但还有对其进行精细化的空间和可能性。

其实,根据南非世界杯在世界各国的收视情况,我们也可预测出一些今后世界杯赛事的收视规律,进而有针对性地细化广告营销方案。

表3 中央电视台体育频道南非世界杯赛事直播收视率前10名情况表

赛事		日期	开始时间	结束时间	CCTV-5	
					收视率%	市场份额%
1/4决赛	德国VS阿根廷	2010-7-3	21:48	24:02	11.49	37.20
1/4决赛	荷兰VS巴西	2010-7-2	21:49	24:02	9.99	34.15
1/8决赛	德国VS英格兰	2010-6-27	21:48	24:03	8.31	29.73
小组赛	阿根廷VS韩国	2010-6-17	19:19	21:31	8.17	20.56
小组赛	巴西VS葡萄牙	2010-6-25	21:50	24:03	8.11	27.84
小组赛	南非VS墨西哥	2010-6-11	21:47	23:57	7.98	28.44

续表

赛事		日期	开始时间	结束时间	CCTV-5	
					收视率%	市场份额%
小组赛	阿根廷 VS 尼日利亚	2010-6-12	21:48	23:53	7.20	25.30
1/8 决赛	巴拉圭 VS 日本	2010-6-29	21:50	24:30	7.18	29.67
小组赛	葡萄牙 VS 朝鲜	2010-6-21	19:20	21:34	7.09	18.38
1/8 决赛	乌拉圭 VS 韩国	2010-6-26	21:48	24:01	6.72	23.26

1991 年成立于伦敦的体育全球通信有限公司的研究团队为我们提供了西班牙、荷兰、德国、乌拉圭、阿根廷、巴西、美国、英国、智利、韩国、意大利、葡萄牙、斯洛文尼亚、南非、瑞士、新西兰、澳大利亚、丹麦等 18 个国家南非世界杯赛事的电视收视情况。

从上述 18 个南非世界杯参赛国家的电视收视情况(部分国家仅限于部分电视机构,收集的数据不完全)看,本国球队参加的小组赛和淘汰赛的收视率和收视份额多数高于决赛。我们甚至可以说,从 18 个参赛国家的总体收视情况看,决赛的收视人数、收视份额、收视率不如参赛国的其他大部分比赛。

从冠军西班牙队的情况看,半决赛的收视人数约为 1400.7 万人,而决赛的收视人数约为 1393.3 万人,虽然决赛的收视份额略高于半决赛,但收视总人数居然不如半决赛。

从荷兰的世界杯收视数据看,决赛的收视人数居然不如半决赛和 1/4 决赛。当然,NOS 的数据也显示,2010 年世界杯决赛的收视份额高达 90.6%,大大超过 2006 年世界杯决赛的 72%,收视份额提升的主要原因可能是荷兰晋级了 2010 年世界杯决赛。东道主南非队参加的三场小组赛的收视人数、收视份额、收视率均超过决赛。

南非世界杯的夺冠热门球队、历史上夺得世界杯冠军最多的巴西队自然是巴西球迷高度关注的对象。南非世界杯的决赛在巴西的收视人数、收视份额和收视率均低于有巴西队参加的各场比赛。

从 18 个参赛国家世界杯收视的总体情况看,只有新西兰和瑞士两国的收视呈现出决赛排名第一的状况,其余 16 国中,决赛的收视人数、收视份额、收视率都没有列在第一位。这是一个值得我们深思的现象。它体现出球迷在世界杯赛事观赏中天然具有浓重的国家情结。这个现象也鲜明地昭示出:电视媒体的广告营销应该关注这一现象。

从这个意义上说,中国媒体应该潜心研究本国球迷的收视特点和规律,并在此基础上进行电视节目的策划、广告营销方案的更新,从而取得媒体传播效果的最优化和营销收益的最大化。

按照传统的观念,受众处于电视体育产业链条最末端。然而在赛事组织、媒体、广告/赞助商均以受众为自身收益来源的现时代,受众/观众对整个价值链各个环节的顺畅运行起到至关重要的作用。在广告营销传播已由传者中心向受者中心转移的今天,要想借助世界杯这样的赛事实现营销的最大收益,中央电视台不仅要对受众的特征(年龄、性别、职业、爱好等)进行恰当的分析和精准的把握,使电视体育节目有的放矢,享有更大的收视效益,还必须以准确、精细的受众/观众调查数据为基础,为体育广告商/赞助商的品牌传播及其价值提升提供翔实的计算手段和方法,从而实现整个价值链条的顺畅运行。

针对今后中央电视台世界杯的营销,笔者在此提出几点建议:

第一,在重视广告营销的基础上,一定要注意运用公关手段。本次的世界杯营销,中央电视台被很多媒体认为是坐地收钱,甚至有点不劳而获的味道。要想既实现营销收益的丰收,又不至于落个不好的名声,必须进行公关,最可行的办法是世界杯结束以后召开新闻发布会,向媒介公开世界杯的大量投入和营销创意,以平息舆论的猜测、质疑和批判。

第二,在广告产品设计方面,不要仅仅根据世界杯赛事的一般进程来规划,而应该根据 32 支球队的小组对阵形势来进行收视情况的调研。换句话说,从上述世界各国情况看,观众对于世界杯的收视行为并不是按决赛、半决赛、1/4 决赛、1/8 决赛、小组赛的顺序依次减少的。这个信息提示我们:广告投放的效果应该有更加具体而详细的预估,从而使广告商的投放有更好的针对性。

第三,在营销策略方面,不要仅仅围绕电视节目本身做文章,可以考虑运作与2006年德国世界杯前的“德国行动”类似的旅游项目,也可与有关部门合作运作“球迷广场”项目,通过嫁接外部资源获得更高的人气,积聚更多的注意力,从而实现收益的拓展。

第四,此次3D影院引进世界杯直播的计划并未完全实现,但在今后的时间里,应该和国家广电总局及各大影院进行更加具体和细致的探索,在技术、机制上解决世界杯直播进影院的问题。这也是今后拓展收视人群和获取更大收益的重要增长点。

第五,从总体上看,目前中央电视台拥有的赛事资源太多,因此,在营销意识和营销方式创新方面的动力稍嫌不足,应该在世界杯结束后广泛调研其他相关媒体和企业的营销策略,从中吸取有益成分,从而为2014年巴西世界杯的营销创新奠定坚实的基础。

(作者:易剑东,原文发表于《电视研究》2010年第10期)

中国足球改革的路子、胚子和里子

易剑东

我们需要思考的是:我们的文化基因中还存在一些抑制足球发展的因子。例如,鼓励个性和创造的个性对足球明星的培养至关重要,心无旁骛地专注足球而非所谓金钱、荣誉等功利的社会环境至关重要,对孩子的素质培养和全面发展的认识中体育素养占有重要地位至关重要,这些东西我们有足够的机制保障吗?美国纽约几乎每个小学拥有一个专门的操场和一个小体育馆,下午三点放学以后,多数孩子就沉浸在体育运动的乐趣中,我们小学里课表上的体育课程什么时候能真正落到实处?教育部体卫艺司领导说,我们全国的学校缺少30万名体育教师,可为什么这些教师到不了位?我们很多运动员退役后不愿意在学校当老师,这仅仅是他们的错吗?美国的大学体育专业招生要求是文化课程首先达到一个不低的标准,然后有体育兴趣和特长才进入体育类专业,美国的优秀运动员在大学里拿奖学金也不能老是不上课,甚至国家队队员没有通过文化考试也不能去集训。我们能让体育人在社会上、体育教师在学校里有平等的地位吗?

不建立一个全社会尊重体育和接纳体育人的基本机制,我们就不要奢望所谓的校园足球能一花独放。如果不能建立社会对体育和足球的接纳机制,我们就没有办法为足球的振兴迎来一个大好的环境。

从这个意义上说,我不大看重足球改革对于体育管理体制改革的意义,我更关切这种自上而下的足球全面改革能给全社会带来一种勇武刚健之风以及接纳这种风气的机制。或许,这才是这次足球全面改革的真切意义所在。

路子:解扣和接口——解开死结与有机对接

从 1992 年红山口会议到 1994 年推行职业联赛,在 20 多年前,中国足球给过球迷短暂的欣喜和欢愉,但我们总体上是在期盼中失望,在有关目标屡屡难以实现中失落。

谁能拯救中国足球?我们的足球管理者有过很多尝试,外界也有过很多意见和建议,但直到 2014 年,我们最高级别的联赛中 16 家俱乐部每个俱乐部只有 4%股份。

中国足球改革在 20 多年前启动时被称为整个中国体育改革的突破口,只有站在更高、具有更强统摄资源能力的人才能解扣。我们的青少年没有足够的足球场地来训练,我们的成人想在业余时间找个踢球的地方也不容易,我们的职业球队 20 多年后也不具备西方职业足球发展的那些元素,我们的足球虽然号称第一运动,可这种最高级别的联赛全年的电视转播权收入还不足 4000 万元人民币,而英国足球超级联赛三年的视频版权收入却高达 70 亿英镑。

其实,这个无法解开的扣和死结之所以无法解开,只因为有太多的接口需要找寻。

与教育的接口最重要,这是足球抓娃娃和抓基础、抓基层的关键所在。如果学校里的孩子不踢球,我们就无法赢得未来,无法获得广泛的支持。在我们这个“水往下流”的国度,孩子是很多人心目中最重要的关切,孩子不踢足球,我们就不要指望将来有强大的国家队和庞大的球迷队伍。教育部门和家长们如果不能在让孩子喜欢足球和热爱体育的问题上取得共识,我们就只能守着所谓的 3 万足球注册运动员发呆。

与资本的接口很关键,这是足球赢得社会支持和获得稳定发展机制的关键。长期以来投资足球的企业家相继离开,外部资本进入以后处处受到牵绊,这终究会让资本抽身而去。美国人的商业体育是不盈利就停盘,但欧洲人的足球虽然半数左右职业俱乐部账面亏损,却依然故我,总有热心的资本家不肯离去,这就是资本任性的地方,也是资本对于足球文化和传统的一种奉献和坚守。我们不奢望我们的资本能像欧洲一样任性地坚持投资足球,但不让资本长期血本无归,至少应该成为中国足球改革的目标。

与场地的接口不容忽视,因为足球是一项对场地要求较高的项目,没有足够的场地就无法为足够的人口创造踢球的基本条件。而第六次全国体育场地普查结果表明,10 年间足球场地增加数为 7100 块,包括 11 人制、室外 7 人制、室内外 5 人制多类场地,足球场地的增幅只有的 1/67。特别在北京、上海等大城市,拥有标准足球场地的中小学屈指可数。

此外,与财政、公安、税务、公园、交通等众多部门的接口也异常复杂,寻找与这些部门接口的重点所在,并制定化解扭结的对策,是中国足球改革赢得突破的关键。

胚子:借鉴和结茧——学习西方与自我蜕变

毋庸讳言,足球是一项高度复杂的运动。与乒乓球和羽毛球平面对凸面、篮球和手球凹面对凸面等项目不同,凸面对凸面的足球运动离散性大,加上脚的灵活性明显不如手,22 人同场竞技、不同配合的方式多样化,足球几乎是同场同时比赛人数最多的集体球类项目,这些因素都决定了足球运动的极端复杂性。

但是,足球之所以被称为世界第一运动,又与其另外几个社会文化特质高度关联。足球是世界范围内开展联赛国度最多的项目,足球是欧洲毫无争议的第一运动,足球产业产值无论怎样估测,至少能高达世界体育产业总产值的 1/3 以上,全世界被足球扰动的人口至少在 10 亿人以上。笔者 2012 年去欧洲观摩欧洲杯,发现即便是在欧洲已经很普及的篮球运动,与足球相比也不在一个量级,笔者在几个欧洲国家的多个大型购物中心的体育用品商店里都可以买到足球,却寻不到一个篮球。

学习欧洲和南美乃至美国的足球,恐怕是我们迈不过去的一道坎。

然而我们首先要看看,我们是否具备基本的坯子。

我们的足球其实坯子不错,历史上的中国足球队曾经在 1913—1934 年的 10 届远东运动会上获得 9 次冠军,打遍亚洲无敌手,涌现出李惠堂、孙锦顺等著名运动员,即便是 20 世纪 60 年代早期的中国足球队也可以和东欧的世界强队分庭抗礼。我们在 1990 年代的职业足球改革之前,还拥有亚洲至少二流的水平,1990 年之前对日本队的战绩是有优势的——为什么职业化改革以来的中国足球反而失落了?

原因很多,笔者以为最重要的原因是行政化管理思维和模式。当世界范围内职业足球体制改革风起云涌之际,我们还抱着集中地点训练和管理训练项目这些微观的干预手段,还守着所谓运动员不能夜不归宿这样的治标不治本的管理思维,自然与世界足球拉开了距离。

日本足球的对外借鉴之路是值得我们学习的。巴西成为日本本土之外日本人最多的国家,或许过气但拥有良好足球意识的欧洲和巴西球星纷纷进入日本,使得日本足球在技战术风格的养成上从一开始就走在正确的轨道上。技术细腻、战术稳健、配合默契等风格使日本男足迅速崛起,成为亚洲的超一流球队,他们的女足也在短期内获得了优势,直到登顶世界杯。中国在 1993 年就选派一支青少年球队去巴西训练,目前在与西班牙等国进行青少年球员培养的合作,但始终无法实现全面开花和持续产生优秀球星,我们并没有深入理解优秀青少年球星产生的机制。

笔者于 2012 年 9 月至 2013 年 9 月曾在美国纽约考察,发现几乎每个周末都能看到小学和中学年龄段的男孩和女孩穿着整齐的队服在比赛,家长站在场边,而平时上班日的下午,公园里的足球场很少没有人踢球,多是公司职员、大学教职工、政府部门公务员等,他们的组合相对松散,但水平绝对不低。为什么美国有四大职业球类联赛之后还有一支比我们出色得多的男足国家队?为什么美国女足在世界上的优势那么突出,这些景象都是不可缺少的诠释证据。更令我惊讶的是,我在美期间还发现,美国足球协会主席这个重要职位,居然是一位哥伦比亚大学经济系的讲师担任,这位印度出生的美国人古拉蒂在去年美国足球 100 周年期间组织了很多活动,他的一个伟大贡献是将墨西哥、加拿大的女足国家队队员整合到美国女足联盟的球队中,让这些球员在获得国家队薪水的同时还在美国的女足俱乐部领一份工资。

中国足球要实现自我蜕变,才能真正结茧,实现自身的新生。在这个过程中,恐怕我们不能简单地学习欧洲某个国家或者南美的巴西、阿根廷,而应该深入研究我们自身的特色和优势、缺陷和不足,从而对症下药。如同我们的篮球一样,片面学习 NBA(美国男子职业篮球联赛),而不大注意我们球员的风格,其实学习欧洲整体篮球更加合理,以至于走了弯路。

里子:基质和机制——抓住关键与把控枢纽

中国足球的胚子不错,但基质是需要固化的。基质在景观生态学上指面积最大、连通性最好、在景观功能上起控制作用的要素。对中国足球来说,基质是什么?我认为是一种足球文化基因的锻造。这种基质的锻造要求我们民族文化和心中某些基因的改造。

例如,我们对自己首先要有足够的认识高度。国家奥委会去年和联合国合作将 1896 年雅典奥运会开幕的日子 4 月 6 日定为体育促进和平与发展国际日,国际奥委会推出"希望运动",国际足联推出"希望足球"项目,足球成为国际社会很多人士认为可以给无家可归者带来生活信心和改变人生观和价值观的项目。联合国甚至在非洲的部分贫穷地区投入资金,为孩子踢球创造基本的条件。英国有句谚语:足球非关生死,但远胜生死。笔者要说,足球无关和平,但其意义远超和平。足球对于青少年积极生活方式的养成、对于社会的和谐、对于社会活力的塑造,都具有不可替代的价值。没有这样的认识高度,恐怕我们的足球基质就无法获得成熟的机会。

舍得为足球投入也是我们锻造足球基质的一个基础条件。我们全国的人均体育场地面积只有 1.46 平方米,美国和日本的这个数字在 21 世纪之初就分别达到16和19平方米,英国的规定是24平方米。如果没有足够的超凡的魄力,我们的人均体育场地面积只能长期处于世界落后地位。而我们城市的公园人口绿地面积已经和世界持平。笔者多次呼吁让部分运动场进入公园,像美国和欧洲很多国家那样,让公园成为足球爱好者的舞台。可惜这种呼吁几乎毫无效果。我们的体育彩票公益金这些年收入甚丰,但多数被统筹到了体育以外的领域,仅2012年就有超过100亿元没有花到体育领域里。日本很多体育场地建设免税,美国很多城市政府专门征收体育附加税,支持本地的职业棒球、橄榄球队等俱乐部,我们的一些体育项目却被划入娱乐业。这些都无助于我们强固足球基质的锻造。

(作者:易剑东,原文于2015年3月2日发表在《体坛周报》)

我眼中的中国职业足球改革十大问题

易剑东

6月22日就是红山口会议三十周年了！这个标志着中国职业足球乃至中国职业体育改革启动的重要会议，委实值得纪念。在和我们几乎同步开启足球职业化的近邻日本已成世界杯常客时，我们却在为能否晋级十二强赛而努力着，甚或今后世界杯扩军到48支队伍时我们能否获得世界杯入场券，依然是个问题。

1992年的6月22日，全国足球工作会议在八一体工大队所在地——红山口召开。参会的98名代表不仅有各地和部队的足球工作者，还有北京、上海、天津、重庆、大连、沈阳、武汉、广州、西安、深圳、青岛11个城市政府的领导人。据传，这次会议第一次有多达22份关于足球改革的文件用于大会讨论。

不同寻常的历史场景背后是难以言说的关于中国足球的苦痛与抗争。

当年中国为何要痛下决心搞体育职业化，坊间有多种说法。一个公认的足球被选作中国体育职业化改革突破口的理由是：其他项目如果开启改革，影响了成绩怎么办？足球的国际赛事成绩已经跌到谷底了，改革再不成功也不至于引起社会强烈质疑。

历史跨越30年，无数苦痛的记忆抹不去，唯有改革之心不死。今天，我们不得不承认：30年来我们的职业足球并没有建立起顺畅有序的运营体系，更没有为国家足球队的成绩提升做出什么贡献。

未来的中国职业足球之路该怎么走？个人以为，下列十个问题不能回避。

一是必须构建职业足球联盟。不管这个联盟定性为营利组织还是公共机构甚至公益组织,必须建立起代表职业足球投资人和股东利益的一个组织,并尽可能实现利益相关者博弈均衡。从世界范围看,除去德国等个别国家外,绝大多数国家把职业体育联盟定性为和企业一样的营利性组织,当然也不排除公益性和社会公共性。职业体育联盟不选择和国际单项体育组织那样的非营利属性,一个最根本的原因是他们都是投资人用真金白银建立起来的俱乐部共生性竞争平衡的产物,是投资人和股东委托代理谋求经济利益的机构。职业体育联盟和俱乐部做公益事业和履行社会责任是必要的,但不能退步成为非营利组织。

二是必须解决俱乐部名称的原则问题。中性化也好,非企业化也罢,都不是问题的关键。关键是建立起投资人、出资方、赞助者、股东等投入保障与产出回报的合理机制。不能奢望民营或私营企业做"活雷锋",也不能把职业足球的所谓公共产品属性都通过国有企业的不计成本投入来体现。如果快速的企业冠名模式不能做,那么俱乐部品牌价值与投资人权益之间的关联就得有新的模式来确保。

三是必须明晰对欧洲财政公平法案的借鉴之道。该法案的本质是摒弃强势行业或企业破坏足球产业自身的生态,使职业足球既能利用社会支持力量又不至于失去自身的自主性。我们可以借鉴欧洲的做法,但需要有条不紊,循序渐进,找准节奏。

四是必须建立起稳定的球迷组织。球迷是职业足球的顾客,世界上成功的职业足球俱乐部及其所在城市无不与球迷间有着超脱赛场胜负和竞技成绩的情感联系和精神纽带。世界上的职业体育模式,无论是封闭型没有升降级的北美职业联盟,还是广泛深入嵌入社会肌体的欧洲职业足球,抑或与社会经济发展水平始终并行的南美足球,无一不把球迷群体这个职业足球的命脉和灵魂视为最重要的关切和经营对象。

五是必须使职业联盟和俱乐部形成持续赢利能力。北美职业体育联盟"不盈利就停盘",其社会化和商业化的有机联系趋于完美。欧洲职业足球扎根在深厚的足球和社会文化土壤中,拥有强大的民心和旺盛的生命力,五大职业足球联赛举世闻名。很难想象:一个没有金钱持续投入和产出、没有民心和民力长期关切和支撑的联赛会是可持续的、健康的联赛。营利目的和性质、赢利能力和水平、盈利结果和目标理应成为中国职业足球的三大铁律。

六是必须构建起和谐有序的会员管理制度。我们的绝大多数国家级运动项目单项协会并不是自下而上建立起来的,因而自上而下构建各级各类会员管理制度就显得尤其重要。个人会员和团体会员的权益如何区分,强势的省会城市足协与省足协的座次如何排定,决策机制中如何设计不同类型和层级会员的权力,决策、执行、监督机制中如何体现民主透明问责等原则,这些问题都应该有基本公认的固定说法和趋于一致的明确表述。

七是必须使各地足协脱钩可以良性运行。学会协会商会等与政府部门脱钩是一项涉及面宽的重大改革事项,目前体育领域的协会实体化和脱钩改革似乎有停滞甚至倒退之嫌,症结到底在哪里?笔者以为:从文化传统看,国有“铁饭碗”般的保障让人们不敢跨出那一步;从制度设计看,是所谓担心“国有资产流失”的观念掣肘了协会资源配置和权力下放的胆魄。在国务院支持下,中国篮协将自身对职业联赛的权益以象征性低价转让给各职业俱乐部的做法,各地足协为何不能做呢?笔者以为,承担运动项目社会化、专业化、产业化、国际化四大任务的各地足协,完全可以通过公共服务获得自我生存和发展的机会。

八是必须保证青少年足球联赛的赛制设计科学合理。最新出台的我国青少年足球联赛设计中,小学 8—12 岁联赛不断线,然而后续初中和高中居然刻意断线,女子赛制 13、15、17、大学年龄段四个组别,男子赛制 13、15、17、19 岁年龄段四个组别。这个赛制的最大问题是,迫使 14、16、18 岁、20—22 岁的学生参加更高年龄段的联赛,必然造成这些年龄段足球人才的明显挫折感和被剥夺感,戕害中学和大学足球联赛的完整性和连续性!业余足球是所有适龄段人群的基本权利,此种设计无论有多么炫目的理由,都是不合理和不科学的。

九是必须在有为政府、有效市场、有机社会中形成足球发展的优质生态。世界各国足球事业和产业的发展都有政府管理、社会治理和行业监理的综合作用。但作为一项社会事业和产业的足球是世界上竞争最充分的运动项目，占据世界体育产业产值40%的份额（欧洲足球产业在体育产业中的份额超过50%），过度的政府介入、过多的社会干预、过重的市场取向，都可能带来不可估量的消极后果，国内外相关教训俯拾皆是。对中国足球来说，按照“专业人办专业事”的原则来建构管理体系是当务之急。足球是世界第一运动，但如果我们将太多不切实际的外部利益、压力、使命强加给足球，势必带来复杂利益纠葛和缠绕，从而毁灭足球自身发展的良性生态。中国职业足球30年来的风雨历程，交织着无数投资人的风光或凄苦和无数足球人的欣喜或落寞，往往是昙花一现或一地鸡毛。足球，始终难以成为投资人内心痴迷和足球人真心奉献的对象。金钱、利益、资源，甚至炫目的虚荣在太多时候主宰和支配了我们的职业足球。

十是必须构架好业余足球、专业足球、商业足球、职业足球的有机联系。中国是世界上体育文化形态最多元、最丰富的国家。我们既有世界各国鲜有的专业体育体系，也开展着蔚为大观的大众业余体育活动，还接纳世界各国体育商业赛事，30年来对职业体育的追逐也从未放弃。笔者以为，要想从体系搭建和系统运作层面振兴中国足球，必须多方发力、多元并举、多维推动。让广大青少年在成长历程中接受足球文化的熏陶，让社会公众在“世界第一运动”的关注和参与中收获足球带来的健康、快乐、幸福，让世界范围内的商业足球滋养和浸润中国的市场经济和足球文化，让职业足球增添市民荣耀、丰富百姓生活、提升城市品牌，这些足球的特有效应、特殊价值、特色风貌，都是中国需要的，也是人民群众美好生活向往的重要内容。欧洲足球、美国橄榄球棒球篮球冰球的职业化成就，无一不是这种多元文化、多维资源、多样力量综合作用的积极产物和优秀成果。

（作者：易剑东，原文2022年6月发表于《体育商学》）

附录三：体育评论

体育评论 1

易剑东

今天下午，我在沈阳体育学院新校区气派的图书馆里做了一个演讲，虽然题目说的是《奥运会对城市经济社会的影响》，但因为论坛的主题是“科技奥运与沈阳振兴”，因此我的很多论题是围绕沈阳而展开的。

当然，平心而论，我以为沈阳完全可以申办世界杯，至少可以为中国举办世界杯足球赛提供主要赛场。

我曾经在1996年写过前国际足球联合会主席阿维兰热的传记，了解到这个出生于比利时的巴西人其实很希望2002年世界杯在中国举办。可是中国在20世纪90年代初期全身心申办2000年奥运会，没有心思再去忙活申办世界杯的事情。而如果看看1994年举办世界杯、1996年举办奥运会的美国，我们就会发现相隔两年办世界杯和奥运会对于一个国家来说是可能的，更何况作为大国的中国呢？至少可以这样说，2002年世界杯足球赛我们是有机会获得主办权的。

沈阳是中国体育文化土壤最深厚、体育文化氛围最醇厚、体育竞技水平最高的城市，曾经获得全国城市运动会的金牌和总分第一名。沈阳人爱看足球、爱踢足球也是全国闻名的。有了扎实的群众体育文化基础，沈阳当然可以造就世界杯的金牌球市。

沈阳的城市环境相当适于举办世界大型赛事。市道路宽阔通达，空气质量较高，城市绿化不错，场馆设施较齐备，这些因素都有助于沈阳承办国际足球赛事。

而见证中国足球队冲出亚洲的沈阳人也具备承办国际足球赛事的良好经验,包括组织观众烘托气氛的经验。这些对于营造世界杯赛的氛围都是不可或缺的。

沈阳的经济和人口条件也适于举办世界杯。具有充分开发余地、巨大提升空间、良好成长潜力的沈阳,正好可以借助大型体育赛事的连带、牵拉、辐射效应推进产业结构调整,尤其是推动服务业的成长,带动健身娱乐业的兴盛。而这个城市700多万人的人口条件又能确保比赛的上座率。

这些还不够,21世纪以来中国成为国际体育赛事之都的趋向才是更为根本的原因。哈尔滨承办2009年世界大学生冬季运动会、广州承办2010年亚洲运动会、深圳举办2011年世界大学生夏季运动会,天津举办2013年东亚运动会,甚至苏州、日照这些人口规模不大的城市也在借助体育赛事打造自己的城市形象。沈阳不能和北京、上海相比,但具有最独特体育文化优势与传统的沈阳在最近二三十年内完全可以有申办世界杯乃至奥运会的雄心和大志!

而如果中国人有足够的魄力,中国经济继续保持持续快速健康的发展,像美国那样1984、1996年举办夏季奥运会,1980、2002年举办冬季奥运会,1994年举办世界杯这样密集度的国际赛事,也并非痴人说梦!如果可以实现这些的话,很多城市都有机会!

在目前世界上90%的国际体育组织总部都坐落在欧美的情况下,中国完全可以通过承接国际体育赛事来实现我们对于世界体育的国际责任!

(作者:易剑东,原文写于2007年9月1日)

体育评论 2

易剑东

很高兴从电视上知道了中国足球协会对于申办 2018 年男足世界杯的积极态度。同时也有些担心,我们目前离成功举办 2018 年或更晚的男足世界杯还有很长的路要走。

名为“好运北京”的北京奥运会的一系列测试赛还在继续,我的学生们参与了其中的志愿者工作。这些天,我听他们说了不少这些测试赛中出现的问题。

显然,举办男足世界杯对于中国来说,最缺的应该是男足的水平。所幸的是,这个问题并不是举办男足世界杯的必要条件。

而赛事管理者的经验和能力、媒体报道的理念和水平、观众观赛的文明和礼仪,这些都是我们需要全方面去改善和提高的。

第一,我希望赛事的管理队伍不应只是由一般政府部门的工作人员来组成,而应该加入体育行政管理部门、体育媒体,甚至体育公关、体育广告、体育营销等企业的人员。道理很简单,大型国际体育赛事往往是影响和辐射面广、穿透和吸附力强的重大节事(event),一个环节出现问题就可能导致总体工作的被动。我于 2006 年春天参加了某大学承办的一次学术研讨会,该大学的各项接待工作都很不错,大家都很满意。可是,就在我们即将离开学校要结算住宿费时,却被告知在房间里给同楼其他房间打的电话也必须付费,大家对于该次会议的印象立即大打折扣。所以说,赛事管理应该注意细节,应该让更有经验的各类体育组织来运作,而不应该由一些与体育无关或者以往根本不了解体育事务的部门来承担核心和主要业务。

在举办奥运会的赛事组织结构中,举办城市的政府部门是主导,但是国家奥委会、国家体育行政管理部门、国际奥委会协调委员会、各国际单项体育组织、国家政府、城市体育组织等之间的法律关系和业务协调机制都应该理顺。

在笔者看来，大型体育赛事的管理者应该充分调动和发挥各类组织的特长，以最大的努力消除各种部门及其人员之间的沟通障碍。

第二，我希望我们的媒体要有职业精神、国际视野、专业能力。那种看不懂外语资料、整天就看着电视或网络写稿、对于报道对象几乎一无所知的记者不应该出现在中国的体育记者队伍里；那种从来不采访、从来不去混合区和发布厅、从来就不知道运动员的名字的记者绝对应该从体育记者队伍中消失。要知道，在中国举办国际大型赛事时，我们的媒体自然会成为境外媒体的重要报道对象之一。从这个意义上讲，他们其实也是中国的名片乃至形象大使。当务之急是，中国的体育媒体从业人员急需进行各方面的培训。

第三，我希望我们的观众要追求一点境界和注意一下国格。我们从来自称礼仪之邦，但对于前来我们家里做客的外国选手总是吝啬自己的掌声和夸赞，这是说不过去的。我不奢望观众达到我在前面博文中的观赛第四种境界——给失利的外国选手以鼓励或者给战胜我方选手的外国运动员鼓掌，但至少我们对于获胜的外国选手是没有理由吝啬掌声的。虽然体育和政治有着千丝万缕的联系，但在体育场馆的看台上，我们必须遵循国际体育组织的规范，在国歌奏响和国旗升起时保持应有的风范。以树立良好、健康的体育氛围，展示中国人的特有风采。否则就与我们举办国际大型赛事以改善国家形象的初衷背道而驰。

上述的所有一切，其实还全面关联着一个关键词：细节。

我们要做的不仅是谢亚龙说的了解申办 2018 年世界杯的相关程序和细节，而应该以精益求精的精神去避免任何一个影响赛事成功举办的细节。

其实，男足世界杯早就可能在 2002 年来到中国，如果中国不能获得 2018 年男足世界杯的举办权，我认为 2022 年或稍晚，中国依然会有机会主办世界杯足球赛。

届时,我们的世界杯组织委员会可以自信地抛出“有特色”“高水平”的办赛理念吗?

那时,我们的赛事组织者们也敢于喊出“留下独一无二的宝贵遗产”的办赛目标吗?

来日方长!我们的男足水平提高也许遥遥无期,但我们的办赛水平却可以假以时日而得到提升!只要我们不缺精益求精的精神,不缺追求细节的态度,不缺认真做事的习惯,不缺团结协作的意识,不缺……

(作者:易剑东,原文写于 2007 年 9 月 29 日)

体育评论 3

易剑东

在中国是否应该申办男足世界杯的问题上，我一直持比较积极的态度。11 月 29 日，《足球·劲体育》刊登了我国决定申办 2018 年男足世界杯的消息。记者肖良志在文章中花了较大篇幅介绍中国足球协会的基本观点：申办 2018 年世界杯得到了国家体育总局乃至更高层的认可，亚足联是否支持并不是决定性因素。

在为这个目前还不是相当确定的事实感到惊喜的同时，我还是想讨论一下我们申办的必要性和成功的可能性。

从必要性方面看，中国的不少城市已经将举办国际大型体育赛事作为城市经济发展和社会进步的助推器。中国人已经越来越意识到举办像世界杯足球赛这样的赛事能全方位地检验一个国家和相关城市的发展水平。这些年来，北京、上海、广州等城市一直在为打造国际体育之都而努力，NBA（美国男子职业篮球联赛）、F1（世界一级方程式锦标赛）、网球等赛事在这些城市的举办就是明证。天津、深圳、哈尔滨等城市也不甘落后，纷纷以承办国际体育赛事作为城市发展的强劲动力，世界大学生夏季和冬季运动会、东亚运动会的举办为这些城市的发展注入了新的活力。

申办 2018 年世界杯需要提供至少 12 个城市作为赛地，这在当今的中国根本不成问题。一旦我们决定正式申办，笔者担心的不是城市数量不够，而是很可能出现大量城市争执不下的情形。

从可能性方面看，2002、2006、2010、2014 年世界杯分别在亚洲、欧洲、非洲、美洲轮流举办，2018 年重新回到亚洲是有可能的。中国已经举办了两次女足世界杯，北京奥运会无疑有助于中国提高举办高水平足球赛事的能力，包括足球赛事电视转播的能力（北京奥运会足球比赛公用电视信号的制作将为中国转播足球赛事增添宝贵的经验)。更为重要的是,中国的经济社会发展取得了举世瞩目的成就,中国将逐渐成为全球最诱人的体育和足球市场。我于2005年春天在英国爱丁堡大学参加一次关于国际大型体育赛事的学术会议时,不少欧洲体育学者总是跟我提起中国是一个"Great Market",英国的报纸几乎每天刊登关于中国经济的消息。还是那句话,不要因为中国男足水平不高而反对中国申办2018年世界杯,毕竟主办赛事的能力与自身竞技水平之间并没有被强行地画上等号。毕竟举办一次男足世界杯是我们很多中国人的梦想,毕竟这是我们也许在2002年就有可能实现的梦想,毕竟举办一次男足世界杯的效益绝不会只局限在足球乃至体育领域!莫非我们这次被人"黑"又会是冥冥中帮助我们获得2018年世界杯举办权的代价。虽然有人说是因为我们舍去亚足联开发公司而选择盈方得罪了亚足联才导致抽签被"黑",但我还是希望这不是真的,否则我们就应该去戳穿这个阴谋。而如果是换取亚足联对于我们申办2018年世界杯的支持,那我们付出这次的代价又是否值得?我不敢再推论了,但愿一切的推论只是推论。我们最能做的是:以人定胜天和谋事在人的心态去推进我们的各项工作,以扎实稳妥、细致高效的工作去赢得申办的成功。

(作者:易剑东,原文写于2007年11月30日)

体育评论 4

易剑东

前天我关于中国申办 2018 年男足世界杯的博文引起了一些质疑或反对的声音,其中的主要观点有以下几点:

一是中国男足水平不行,家门口输球很丢人,有朝一日中国足球水平提高了才应该申办。

二是国际足球联合会已取消大洲轮流举办的惯例,此时申办 2018 年世界杯时机不成熟。

三是中国并不是不想申办 2002 世界杯赛,因为之前没有进军世界杯的中国无资格申办。

对于这三个问题,我想在此一一做出解释。

第一,某个项目水平低而举办该项目世界锦标赛,确实是对于东道主的一次严峻挑战,但体育市场和观众热情已经越来越成为赛事举办地选择的重要因素。

国际单项体育组织选择世界性大赛的举办地往往会把当地该项目的竞技水平作为重要考察因素,但这往往不会成为写进规章中的刚性条文。更重要的是,不少项目的世界性比赛如果仅仅根据这个因素来选择举办地,恐怕绝大多数国家和地区会无缘举办。例如,日本的田径并不强,但他们不止一次举办世界田径锦标赛;日本女排的水平一般,但日本多次举办女排世界杯并且日本直接晋级;美国举办 1994 年世界杯足球赛时其男子足球水平也不高。相关的例子想必还有很多。

可以这样说,最近这些年来很多国际体育组织选择世界性比赛的举办地更看中当地的体育市场和观众热情。去年德国举办 2006 年世界杯足球赛时就有德国专家撰文指出,中国如果能参加 2006 年世界杯,相信能增加东道主的收益,因为中国有庞大的球迷市场和消费能力。甚至还有世界体育经济专家在看到北京奥运会组织委员会合作伙伴的巨额赞助费(平均每家8亿人民币左右)以后认为,让中国举办世界杯能有利促进世界足球产业的发展。

从这个意义上说,2007年女足世界杯在中国的成功,尤其是球迷的高度热情极大地激活了中国足球市场,也让国际足球联合会看到了中国作为世界大市场可能给世界足球带来的巨大的商业利润。这应该是我们申办2018年男足世界杯比较有利的因素。

话又说回来,中国足球总要逐步融入世界足球大潮,总要学着逐步提高水平。在水平不高的时候举办世界杯无疑有助于我们今后的提高和改善。如果说这是开发中国足球市场,我们为世界杯砸些钱恐怕比一次请皇马来花费巨大要值当一些吧!

第二,虽然国际足联取消了大洲轮流举办的惯例,但是作为一个惯例恐怕不可避免会有惯性,当然这需要我们把握相关矛盾并处理好复杂关系。

1994年,当时的欧洲足球联合会主席约翰松曾建议今后世界杯在各大洲轮流举办,这个提议受到各大洲足联官员和球迷的欢迎。在基本满足了各权力方利益之后再提出取消世界杯举办地的各大洲轮流的规定,意味着国际足球领域的新一轮权力和利益之争的开始,考虑到原有规定的惯性,中国此时申办2018年世界杯并非不合时宜,但需要我们提高运筹帷幄的能力,敏锐把握国际足球联合会内部的权力矛盾,科学分析国际足球市场的利益平衡机理,方能使申办取得成功。

说句可能有些离题的话,国际体育领域的很多所谓规则和规定,其实是内部权力斗争和利益纷争的结果,很多所谓的刚性条款背后存在着柔性运作和灵性操作的空间与余地。一味地死守所谓的规则和条文而不去揣摩背后的玄机,我们可能无法在国际体育矛盾的权利体系中挥洒自如,甚至会自缚手脚。比如处理好布拉特与欧洲、亚洲足球联合会主席/秘书长的关系对于2018年世界杯申办就显得至关重要。

第三,说中国没有资格申办2002年之前(含2002年)的世界杯,这根本是无法站住脚的偏激言论。

日本在1989年就正式提出申办世界杯,1990年10月召开了申办委员会发起大会,1991年6月正式成立申办委员会。那时,他们连世界杯的影子都看不到呢(1997年11月16日日本在1998年世界杯亚洲区预选赛附加赛中经过加时赛以3比2战胜伊朗队首次进军世界杯,而早在1996年6月1日,国际足联就决定由韩国和日本共同举办2002年世界杯)。难道他们根本不知道这个没有进军世界杯就不能申办世界杯的规矩?

日本足球协会不至于明知不能申办而强行申办并且还取得成功吧!当然,后来的事实表明,日本的申办成功显然与他们较好地处理了一些国际足球联合会内部的矛盾有关。

还有一个事实或许可以证明:中国没有申办2002年乃至1998年世界杯与因没有进军世界杯而无资格申办没有关系。20世纪90年代中央电视台意大利足球甲级联赛转播顾问张慧德先生在1990年曾经前往意大利报道世界杯。他的亲身经历告诉我们,其实当时就有法国的普拉蒂尼和日本记者担心中国申办1998、2002年世界杯而成为他们的竞争对手。

用张慧德先生的话来说:中国错过了申办世界杯千载难逢的机遇。

如今,机会再次摆在我们面前,我们为什么要再次错失呢?

此时,我们需要的不仅是广大民众尤其是球迷的支持,还需要相关的申办人员具有把握国际足球大势的能力,在他人经验和教训中寻求到我们的制胜之道。

以软性操作甚至弹性运作应对刚性规则其实从来就是国际体育斗争的基本策略,聪明的中国人没有理由不懂得这些。

无论中国足球目前的水平如何,无论中国足球协会的表现如何,只要他们还在努力,还想进步,我们就没有理由为中国获得历史上第一次举办男足世界杯的权益而吝啬自己的努力和智慧。

(作者:易剑东,原文写于2007年12月2日)

体育评论 5

易剑东

感谢网络时代和博客环境，感谢众多对于中国申办 2018 年世界杯发表言论的网民。我相信很多已经被中国足球伤透了心的球迷在我的博文之后的激愤留言充满着真切的情感。所谓爱之深，责之切。有时爱和恨只有一步之遥。

今天，我再度查阅了众多网民的言论，尤其是一些对于中国申办或举办世界杯抱有强烈情绪的人们的言论。

坦率地说，我很理解发表这些观点的人们心中的情绪，他们要么已经对中国足球绝望了，要么对中国足协有恨铁不成钢的感觉，要么对于世界杯的积极意义持怀疑态度……

如果中国成功申办 2018 年世界杯，中国男子足球队确实有可能再创造一项屈辱的纪录。在 1988 年汉城奥运会被称为“最没有进取心的球队”、2002 年世界杯赢一场得一分进一球的三个目标全部泡汤之后，我确实担心他们还可能创造一个东道主不进一球的耻辱纪录。

但是，知耻近乎勇、知耻方能后勇！如果从这个维度上来看问题，我们为什么不能让中国足球去经历一次这样的淘洗和历练呢？在我看来，中国足球这些年成绩不佳，但依然活得不错，球员的收入还是比普通人高出几十倍，关注它的商家和球迷还是很多。甚至用马德兴先生的话来说，足球在中国第一运动的地位远不是篮球可以撼动的。既然如此，索性来一次彻底暴露吧，把中国足球所有的污秽全部从阴沟里搅和出来吧。

当然，通过这次对于中国申办世界杯球迷的讨论能激发中国足球界进行反省进而不去创造耻辱的纪录，那自然好，也免得球迷在家门口尴尬。总之，如果我们申办 2018 年世界杯成功，无论中国足球的表现如何，相信最终对于提高中国足球的水平还是会有帮助的。

关于有些网民认为应该先解决贫困人口生存问题之后才应该申办世界杯的问题,我的观点是:从现实的角度看,我们可能用于申办世界杯的钱,即便不去申办世界杯,恐怕那些钱也不可能用到解决贫困人口的生存问题上。按照这个逻辑,很多大型的活动就不要搞了,因为我们国家还有上千万未脱贫人口呢!更重要的是,如果我们能成功申办世界杯,或许才对改善不少民众的生活具有积极意义呢!比如韩国和德国举办2002、2006年世界杯分别为本国创造了50万、5万个就业机会,这不是有助于解决部分百姓的生活吗?世界杯赛事对于商家的吸引力巨大,带来的旅游效益显著,并且在多个城市举行,这些不同样可以为一些百姓创造挣钱的机会吗?

对于中国足协,人们自然充满着不满,但我们应该知道,在目前不可能取消这个机构和换掉这个机构的人员的大前提下,我们现实的思路应该是,群策群力地申办世界杯,然后广泛发动社会各界支持办好世界杯。当世界杯真的有幸来到中国,相信很多承办赛事的城市政府会成为筹办赛事的主角,我们完全没有必要担心中国足协会把事情弄糟。

至于有些网民质疑中国观众对于女足世界杯的热情能否迁移到男足身上,我想这个问题基本不用考虑。一是我们国家以往几届世界杯的观众数量都极其庞大,10%左右的电视观众在时差很大的情况下已经很惊人了;二是国外观众的大量涌入绝对能在很大程度上使我们放弃观众不多或不热情的担心。

(作者:易剑东,原文写于2007年12月3日)

体育评论 6

易剑东

2008 年 8 月 13 日，中国男足 0 比 3 负于巴西队，成为中国第一支告别奥运会的集体球类项目。

这篇文章其实不必要非在这个时候来写，当我们的足球梦想彻底毁灭之后来说这个问题，似乎会更容易让大家来接受我的观点（当然我并不认为自己一定是正确的）。

在笔者看来，中国足球之所以难以发展到哪怕亚洲二流的水平（奥运会前中国国家足球队的世界排名在亚洲已经退到第 10 位，绝对三流水平），是由以下两个原因导致的。

第一，中国足球的严重错位。

众所周知，真正的职业体育必须具备几个要素：愿意专心以某体育项目为职业的运动员、乐意为观赏某项竞赛而支付的观众、保障这种市场交易关系的法规制度。

正因为如此，世界上最早的美国职业棒球队——红袜棒球队是一批酷爱棒球的平民决心以棒球为谋生职业，而大学和社会棒球已经培植起了乐于掏钱观赏高水平棒球赛事的观众，再加上各种法规制度对于职业体育并没有严格限制并继而逐渐支持。

而当今足球领域的一个显著事实是：足球运动强国多是职业足球发达国家或向职业足球发达国家提供大量球员的国家。

可是，我们的职业足球不是建立在上述基础上的。我们的职业足球是自上而下的，是由当时的国家体委和中国足球协会发动的。其基本动力是，国家足球队的水平迫切需要提高。其基本背景是：1992 年奥运会足球预选赛“黑色九分钟”里徐根宝率领的国奥队赛喊出“横下一条心，一定要出线”,居然开场九分钟被对手狂进三球,最终被韩国 3 比 1 击败。此外,还有我们从德国请来的洋教练施拉普纳统帅的中国国家队居然在 1994 年世界杯外围赛中输给也门队,比 1989 年的两个“黑色三分钟”还悲惨。

这两次彻底的失败直接促成了 1993 年的红山口会议以及 1994 年开始的中国职业足球联赛。可是,那时乃至直到今天的中国职业足球俱乐部,根本不看中市场利益和利润收益,而是把足球当作企业广告甚至政府公关的招牌。而几乎所有的俱乐部根本没有把通过足球挣钱作为目标。看看那时职业足球俱乐部的机构和人员配备,我们就不难理解,那不是面向市场和追逐利润的设置。说得直白点,中国的职业足球俱乐部老板或投资者把建立俱乐部和参加联赛作为获取行政力量支持的筹码。难怪大连万达俱乐部能不收一分钱把俱乐部的训练场地等整体转让给实德俱乐部,因为那本是政府支持而获得的产业。

由于主导联赛的体育部门的目的只是提高国家队水平,而投资俱乐部的老板的目的也不是通过足球挣钱。因此,中国的职业足球从一开始就是畸形的。这就是职业足球主管部门不按职业体育发展规律办事和俱乐部老总根本不按市场规律办事的根源。所以,才会有根本不衡量运动员能力,给他们每月发十几万元工资、赢一场球发一百万奖金的荒唐行为,才会极大地冲击本已经不牢固的业余体校中的足球训练(使得一夜之间大量的以营利为目标的所谓足球学校被眼红职业球员百万年薪的家长所拥戴,后来的结局是多数所谓足球学校根本无法提供职业和专业足球所需的苗子,不少所谓足球学校后来还惹出官司),才会使得从来就没有职业精神的球员在一夜暴富之后无所适从和忘乎所以。20 世纪 90 年代后半期的中国职业足球就根本没有形成培育职业足球精神的氛围。

甚至更加糟糕的是,行政足球人突然发现职业足球市场里居然有如此大的利益和利润,而行政力量在干预职业俱乐部的过程中居然有如此大的威力和如此小的阻力。集中春训、12 分钟跑和万米跑之类的行政干预,表面上是行政权力对于初始的专业足球体制的一种不放心的善意或积极干预,后来变成了一种以权力倾轧市场的习惯性行为(这在所有的职业足球领域里是特有的现象)。于是,行政足球人在提高国家足球队水平的目标之外又有了经济利益的追求,使得觉醒后的部分职业足球俱乐部老板(如七君子事件中的部分主角)即便在21世纪之初想按照市场规律来办职业足球俱乐部已经不可能了,甚至可以说,这样的阻力难以因为某个领导人而改变。

所以,我以为,中国15年来的职业足球走的是一条错位的路,怎么可能通向光明的坦途?

第二,中国足球的发育不良。

其实就在1993年施拉普那的伊尔比德惨败之后,行政足球人就不断出台所谓的各种规划,我们不时地被2000年奥运会进入八强的目标所吸引,不时地被进军世界杯赛并且进而第二轮的美好计划所鼓舞,甚至因2002年世界杯赛前的“进一球、得一分、赢一场”目标而激动。

最后的结果是,我们多次极其无奈地倒在奥运会和世界杯的大门外。我们仅有的一次世界杯之旅没有一个进球,没有一场平局,比1988年奥运会上的0比0平一场的成绩还糟糕。这次北京奥运会,我们可以说进步了,好歹进了一个球,平了一场,总比20年前0比0平一场好些了。

可能包括广大球迷在内的国人,总是在四年一届的奥运会、世界杯赛前对于中国足球提出出线的要求,还要求在亚洲运动会、亚洲杯足球赛上要求中国足球取得好成绩,甚至对于在东亚四强赛、东亚运动会这样比赛中国足球队的稍微好一点的成绩,我们就会欣喜若狂,无论在什么比赛中,中国足球的成绩只要稍微差一点,很多人就会痛心疾首或悲观失望。可以说,每次比赛都要求中国足球出成绩,这是自上而下的习惯性需求,这就使得我们根本无暇静下心来思考基础性和根本性问题。

这一点,甚至还可以扯到篮球。中国并不具备美国NBA(美国男子职业篮球联赛)那样数量多的球星,所以,我们的篮球联赛可以在经营管理方面借鉴美国NBA(美国男子职业篮球联赛),但在提高运动员和联赛水平方面,我们其实可以学习欧洲的一些国家,甚至可以考虑派球员去欧洲联赛打球,或者引进一些技战术素养高的欧洲球员(如果当打之年的一流球员不愿意来,也可先引进一些过气的一流球员)。我们不应该只是出于短期的成绩需求而去聘请那些二三流的运动员。这些人来了以后,或许能提高球队的实力,但是,他们很难让我们的球员有学习之处,他们也难以融入中国的篮球文化中。到头来的结果是,我们的篮球联赛在低水平上竞争,表面热闹,其实水平并没有多大提高。借用目前时髦的话来说,外援和中国足球、篮球并没有发生化学反应,甚至连物理反应都没有,充其量只有数学反应而已。

足球已经不属于奥运会上最重要的项目了,但中国人的足球情结是不会因为一次失败而改变的,关键问题是:我们要输个明白。

让我们的职业足球从头再来,让我们对中国足球10年乃至20年不提成绩的要求,或许中国足球还有腾飞的希望!

(作者:易剑东,原文写于2008年8月14日)

体育评论 7

易剑东

从各种渠道的消息可以知道,现任国际足球联合会主席布拉特是支持中国申办世界杯的,而从历史资料也可以推测出,当年的国际足球联合会主席阿维兰热也是希望中国申办 2002 年世界杯的。由于我们把主要精力放在申办 2000 年奥运会而放弃了世界杯的申办,这才使得日本、韩国有了共同主办 2002 年世界杯的机会。

世界上的七大经济体都有主办世界三大体育赛事的经历,美国就不用说了,他们是迄今为止举办过奥运会次数最多的国家(1904 年圣路易、1932 年和 1984 年洛杉矶、1996 年亚特兰大夏季奥运会,1932 年和 1980 年普莱西德湖、1960 年斯阔谷、2002 年盐湖城冬季奥运会),他们在男足水平不怎么样的阶段也举办过 1994 年世界杯。当时的国际足球联合会主席阿维兰热力排众议让美国承办世界杯,一个很重要的理由是推动美国男足运动的发展。

日本是亚洲唯一主办过冬季夏季奥运会和男足世界杯的国家(1964 年东京夏季奥运会、1972 年札幌和 1998 年长野冬季奥运会、2002 年世界杯),韩国的平昌如果申办 2018 年冬季奥运会成功,该国也将成为亚洲第二个举办这三大赛事的国家。对于中国来说,申办冬季奥运会受限于适宜冬季运动的良好气候和环境,恐怕难以实现举办三大赛事的梦想。但是,中国是完全可以申办 2018 或 2022 年世界杯的。

德国举办过 1936 年柏林和 1972 年慕尼黑夏季奥运会、1936 年加米施—帕滕基兴冬季奥运会、1974 年和 2006 年世界杯。

法国举办过 1900 年巴黎夏季奥运会、1924 年夏蒙尼和 1968 年格勒诺布尔冬季奥运会、1938 年和 1998 年世界杯。

英国举办过 1908 年和 1948 年伦敦夏季奥运会,2012 年伦敦将第三次主办夏季奥运会,1966 年举办过世界杯,由于气候和地理条件限制没有举办过冬季奥运会。

意大利举办过 1956 年科蒂纳丹佩佐冬季奥运会、1960 年罗马夏季奥运会、1990 年世界杯、2006 年都灵冬季奥运会,1934 年和 1990 年世界杯。

所以,在目前的世界七大经济体中,美国、德国、日本、法国、意大利都有举办夏季和冬季奥运会、世界杯的经历,只有中国和英国没有实现这三大赛事的大满贯。如果考虑到中国和英国的气候和地理条件难以满足举办冬季奥运会的要求,那么,中国目前最需要的就是举办一届世界杯。

上述三大世界大型体育赛事之所以为世界最大的经济体国家所钟爱,正是因为其特殊的文化象征意义和非凡的社会和经济价值。仅从这个意义上说,中国也是可以加入这次 2018 年和 2022 年世界杯申办行列的。

(作者:易剑东,原文写于 2009 年 2 月 2 日)

体育评论 8

易剑东

媒体报道,中国放弃了申办 2018 或 2022 年世界杯,日后只能申办 2030 年或 2034 年世界杯了。

更多的媒体(包括新华社在内)对于中国此次放弃申办世界杯表示出了肯定的态度,而这些态度说来说去,无一不是把中国男足水平低作为最主要的支撑论据。

可是,世界杯难道只是足球比赛本身吗?她附着的政治、经济、社会、文化意义难道我们不应该纳入思考和决策范畴吗?

退一步说,难道自己的水平低就放弃承办世界杯吗?这是不是面子心理在作祟?历史上国内外都存在大量的自身水平不高的世界性赛事主办者呀。例如,近年来日本举办排球世界杯,加拿大举办世界田径锦标赛,甚至卡塔尔申办奥运会。按照只有某项目高水平的国家才能主办该项目世界大赛的逻辑,那世界大赛就不要搞申办了,干脆让那些运动强国轮流坐庄得了。

再退一步,历史上几乎每个国际赛事的主办者都在东道主压力和优势下取得了超越以往名次的成绩,这难道不是一种主办世界大赛的积极效应吗?例如,1992 年主办奥运会的西班牙将自身的金牌数从上届奥运会的 1 块提升到 13 块,男足也获得奥运会金牌。

对于中国足球来说,申办 2022 年世界杯有 13 年准备期,申办 2034 年世界杯有 25 年准备期,13 年做不到的事情,25 年就一定能做到吗?不及时推出青少年足球发展的有力举措,中国男足永远没有出头的那一天。相信这是热爱中国足球的人们不愿意看到的。

中国申办 2018 或 2022 年世界杯是有益处的。

首先,可以成为中国作为一个有能力和负责任大国的标志。至2009年世界上的前七大经济体除中国和英国因为地理和气候请自然因素没有举办冬季奥运会以外,其余五大经济体全部承办过至少一次夏季奥运会、冬季奥运会、男足世界杯。国际体育政治学者中也有这样的认识:承办有影响的国际大型体育赛事是城市和国家成熟的标志,甚至是迈入国际都市和世界大国的成年礼。否则,我们怎么理解世界上的经济大国不约而同去承办夏季和冬季奥运会、男足世界杯?

其次,可以为中国经济发展提供强劲的动力。奥运会的举办有无数的事实和数据证明:能推动主办城市和国家增加就业人口、刺激交通、建筑、旅游、通信等行业,甚至对于发展中国家还能达到产业转型与升级、城市竞争力提升的功效。中国主办2007年女足世界杯的成绩证明,中国拥有世界上关注足球的大量人口和消费能力,在中国举办世界杯,根本不用担心没有赞助商和广告商,更没有必要担心看台坐不满。而且,世界杯的举办对于多个城市的发展均具有带动作用,其连带效应不亚于奥运会。国际体育经济学者圈有不少人认为:举办国际大型赛事是发展中国家经济和带动社会发展最重要的助推器。

再次,可以满足球迷的需求并促进中国足球文化的发展。不管中国男足自身水平如何,至少其他的31支参赛队伍是真正的世界强队,在自己家门口看世界上最高水平的足球赛事,绝对是中国球迷的心愿。以往意大利、西班牙职业足球队在中国带动的足球消费热潮就可以无可辩驳地说明这一点。可以说,让世界杯进入中国,绝对是一项民心工程——满足人民群众的精神文化需求。至于促进中国足球文化的发展,主办世界杯可以在足球理念传播、赛事组织、市场推广等方面为中国带来启示和借鉴,有利于中国丰富自身的足球文化。

最后,可以为中国足球水平的提升提供经验。这当然不是一个必然的结果,但至少是一个可以预期的结果。关键问题是:在作为东道主的压力下,在体育体制变革的推进过程中,在社会各界的关注下,中国男足必须从现在起就进行变革,从而具备举办世界杯时看懂、弄清楚、搞明白世界足球发展大势的能力，进而通过自己搭建的世界杯大舞台悟到精髓、学到本领。

在申办世界杯的表决中，主席的作用明显超过申办奥运会的表决。因为 24 名执委的人数大大少于国际奥委会的 100 多位委员，主席做工作和施加影响的难度小得多。遗憾的是，足球水平不怎么样的印尼都递交了申请书，中国却放弃这个选择，实在是太不明智了。

中国人对于足球还没有到"哀莫大于心死"的地步。那种非要在家门口看着自己的队伍大获全胜才满意的心理，想必只存在于少数球迷中吧。要我说，放弃申办 2018 或 2022 年世界杯，在某种意义不仅太不明智，而且是欠自信、不开明、无远见。

（作者：易剑东，原文写于 2009 年 2 月 6 日）

体育评论 9

易剑东

目前中国职业体育之所以走了一些弯路，与没有系统地研究世界职业体育诞生的历程与轨迹、规律与逻辑有很大关系，也就是说，我们是跳过了对于世界职业体育缘起及其展示的逻辑这个问题的，我们直接就从当今的世界职业体育去寻求借鉴。这使得中国职业从一开始就缺乏对职业体育的逻辑这个根本问题的认识。

笔者花了不少时间研究世界范围内职业体育的缘起问题。从美国棒球运动员们为了以自己喜爱的棒球为业而开始偷偷收取观众的钱开始，美国职业棒球就应运而生了。1869 年，世界上第一支职业棒球队——辛辛那提红袜在美国宣布成立。而 1888 年 3 月 22 日英国职业足球联赛的产生是当时英国社会娱乐文化的阶级趋同的重要产物，也就是说当时有人愿意掏钱观看足球比赛，有人想通过足球挣钱，有人愿意对足球俱乐部进行投资。

美国和英国作为世界上最早开展职业体育的国家，其职业体育都脱胎于业余体育。早在 1845 年，美国历史上第一支棒球俱乐部——纽约人棒球俱乐部在纽约成立。1858 年，美国的纽约和新泽西两州就成立了 25 个业余棒球俱乐部。各俱乐部所有球队进行了比赛，随后就成立了全国棒球运动员联合会（The national Association of Baseball Players）。1865 年棒球运动开始职业化之后四年，第一支职业化的棒球队才成立。1871 年成立第一个职业联盟。

英国是现代足球运动的发源地，也是世界职业足球的鼻祖。早在 1862 年，英格兰第一个足球俱乐部就在诺丁汉郡成立，1870 年，英格兰有 39 个足球俱乐部，到 1881 年，英格兰的足球组织发展到 128 个。正是在这样的基础上，英国的职业足球在 1885 年合法化，三年以后就催生了世界上最早的职业足球联赛。

说这些是为了说明两个问题：职业体育脱胎于业余体育，职业体育是自下而上构建的。

美国棒球从 1842 年成立第一个业余俱乐部到 1871 年职业联赛诞生前后经历了 30 年；英国足球从 1862 年第一个足球俱乐部成立到 1888 年职业联赛产生前后经历了 27 年。值得注意的是，美国和英国最早的职业联赛还分别有 3 年、4 年的合法化认定期，其间主要是传统的业余体育习惯势力与新兴的职业体育新生力量的对抗，最终职业体育冲破重围，建立了有别于业余体育的日渐完备的体系。

说职业体育的缘起是自下而上的根据是，美国和英国职业球员的诞生早于职业俱乐部和职业联赛。

美国职业棒球联赛的产生过程就是一个以球员为主体的俱乐部民主协商的结果。1871 年，芝加哥、克里夫兰和波士顿等美国东、北部球团中的球员代表在纽约柯利尔俱乐部集会，这 10 多个人事先甚至没有沟通，却聚集在一间雪茄烟缭绕的大厅，一夜之间就决定成立美国历史上第一个职业棒球组织。这是当时以球员为主的俱乐部体制下的特殊产物，因此“国家职业棒球员协会”这个职业棒球组织一夜之间就得以组成，当时球员也是主体。

英国职业足球联赛的诞生过程是一个球迷需求和俱乐部利益不断得到尊重的过程。19 世纪 60 年代业余足球俱乐部兴起后，球迷对于高水平赛事的观赏需求不断提高，由于优秀球员主要集中在北部苏格兰，南方的俱乐部以隐蔽的方式，通过提供工资和额外报酬来吸引北方球员，产生了一批业余条例管制下的准职业球员。1863 年，阿克林顿俱乐部因招收职业球员而被坚持业余原则的足协开除。第二年，身为棉纺厂老板的普林斯顿队俱乐部主席威廉 · 萨德尔向足协球员资格审查官员公开承认，绝大多数北方足球俱乐部都有职业球员。为了争得合法权益，萨德尔在曼彻斯特召开会议，提议参加杯赛的俱乐部摆脱足协，成立一个新的全国性的英国足协。阿斯顿维拉和桑德兰等地区的26个俱乐部群起响应，向坚持业余足球原则的英格兰足协发起挑战。

1885年7月20日，英格兰足协被迫让步，同意杯赛向职业球员开放。职业球员的合法地位得到确认后，淘汰制杯赛却不能保证每周有高水平的比赛，直接影响球迷的需求和俱乐部的收益。随后就有了1888年3月2日职业足球联盟（当时为了区别于橄榄球联盟而用了足球联赛这个称谓，但实际上是职业足球联盟）的成立和当年9月8日联赛的开赛。

从历史和逻辑统一的角度看，美国职业棒球和英国职业足球是世界上最早的两个职业体育的典范，两者不仅为我们展示了鲜活的职业体育发源的强大的民间动力，而且其发展至今的历程也表明了职业体育演进的基本逻辑：自下而上的源动力和利益均沾的运作机制。

至此，我们基本明确职业体育的两个必要的构成要素了：球员、球迷的需求；俱乐部、投资人的利益。至于媒体的介入、社区的支撑、广告的植入等，都是这两个要素衍生出来的。

强势的媒体可以成为投资人，一般的媒体可以被投资人和俱乐部所利用；强大的社区是球迷的支持体系，广告可以是俱乐部融资的重要来源。

综上所述，美国和英国的职业体育大体经历的是这样一条轨迹：业余球员—业余俱乐部—愿意以竞技表演为职业的球员—愿意付费观赛、具有强烈项目偏好的球迷—愿意投资并期望获得经济回报的俱乐部老板—与业余体育并立的职业联盟组织—与业余体育运作体系判然有别的职业联赛。

（作者：易剑东，原文写于2009年6月12日）

体育评论 10

易剑东

虽然中国自20世纪90年代诞生的职业体育不可能照搬英美100多年前职业体育的路子,时代背景和客观现实都不允许中国这么做。但是,我依然认为:由于我们没有研究世界职业体育缘起的一般规律,所以在一开始就走错了路。

与美国和英国相比,中国的职业体育胎孕于专业体育,中国的职业体育是自上而下建立的。中国的三大球率先开始职业化尝试,足球、篮球、排球先后于1994、1995、1996年推出职业联赛。然而,中国的职业联赛与职业体育的一般要求相比,至少有三个很致命的缺陷:联赛的发起者是体育行政管理部门,其动机是改变国家队在国际赛场上的落后地位,如足球改革的动因是国家队先后在奥运会和世界杯预选赛上失利,而俱乐部的投资主体最初是地方体育行政管理部门和部分并不想也没有盈利能力的企业,如不少俱乐部早期连市场开发部门和人员都没有或极少。俱乐部的球员是一批在专业体育体制下缺乏动力的专业球员,球迷对于中国的业余足球赛事失去了观赏的兴趣。

由于是体育行政管理部门主导,中国职业体育的目的或主要目的并不是让俱乐部通过市场赢利,而是希望通过职业联赛机制提高中国国家队的水平,于是一些专业化体制下的过度管制的集权做法一直延续不断,足球的体能测试和万米跑、春节强制集训、动辄让联赛给国家队比赛让路、联赛管理委员会中俱乐部不占主导地位、百般限制球员转会等都是典型的违背职业体育管理规律的做法。

因此,中国职业体育就像一个襁褓中的婴儿一样,被严严实实地包裹起来了。管理部门和俱乐部都戴着镣铐跳舞,无法焕发职业体育制度的威力,无法调动起民间和基层的力量与热情。

由于俱乐部的主要投资者没有通过足球获得市场回报的动机和能力,中国职业体育的最诡异的几个现象是:俱乐部给球员大大超出其竞技能力的工资和奖金,俱乐部无法通过联赛的运作获得市场回报,多数俱乐部干脆就不抱市场回报的想法,把俱乐部当成是赢得政府支持和城市面子的筹码。

中国的职业体育大体经历的则是这样一条与世界职业体育几乎相反的轨迹:带有强烈专业体育体制惯性的体育行政管理部门主导的联赛管理机构—带有浓厚行政管理痕迹的联赛—愿意赢得政府资源和政策支持的俱乐部老板—从省市体工队脱胎而来的俱乐部和从专业队运动员脱胎而来的运动员—带有浓厚地方主义情结的球迷。

(作者:易剑东,原文写于 2009 年 6 月 12 日)

体育评论 11

易剑东

如果要讨论中国职业体育为何没有自然地促进国家足球队在世界赛场上成绩的提升,恐怕我们还得从职业体育的操作技术——外援引进政策上寻求一些解释。

无论是足球引进一些年轻的二流选手还是篮球引进一些美国二三流球员,都无益于中国国家足球队和篮球队水平的提高。

日本职业足球联赛早期鼓励各俱乐部引进“过气”的一流球星以求提升球队的技战术素养,这一做法为日本培养了一批技术精湛、战术老练的本土球员,直接推动了日本国家足球队鲜明的技战术风格的形成。虽然现在有人认为中国足球超级联赛的水平已经高于日本职业足球联赛,但毫无争议的是,经过十五年左右联赛的洗礼,日本国家男子足球队的水平已经明显高于中国男子国家足球队。

CBA(中国男子篮球联赛)也曾引进过萨乌留斯这样的一流球星,但这只是个别俱乐部的行为,无法形成一种引援模式。之后整个中国篮球职业联赛的引援重点就变成了美国二三流黑人球员。这些球员多半是充当“救世主”的单打独斗的角色,总体上难以与中国球员形成良好的配合。所以,这些外援的进入一方面使中国年轻球员失去了上场机会,一方面使中国运动员对外援的依赖性不断增强。所以,姚明才会不止一次在国家队里对队友发脾气,CBA(中国男子篮球联赛)如火如荼却无法提升中国国家篮球队在世界上的排名。因为在引援制度下成长起来的中国职业篮球联赛,根本就没有提高中国男子篮球队的水平。

在五月的“体育强国”论坛中,当我以美国国家队曾失去奥运会冠军为例提出职业联赛水平高不一定就推动国家队水平高这个观点时,李元伟和徐济成一致对我的观点提出了这样一个质疑：那是因为美国人不重视！

问题恰恰就在这里：为什么美国人会不重视，或者NBA（美国男子职业篮球联赛）巨星们会不重视奥运会？

因为NBA（美国男子职业篮球联赛）巨星们平时并不靠美国篮球协会养着，他们可以不买账，再加上他们本就是以参加联赛为主业的。

再听听斯特恩的这句话：

“在NBA（美国男子职业篮球联赛），赤裸裸的金钱交易是司空见惯的事情，建立球队的目的也只有一个，那就是：赚钱。我们一直把赚钱放在一切之上。”

所以，不能奢望职业球员全心全意地为几乎没有奖金的奥运会金牌去拼尽全力，即便有这个心，各种条件也会限制他们去全力为奥运会而拼搏。

当然，NBA（美国男子职业篮球联赛）联盟演绎出来的极富表演性和娱乐化的篮球也是美国球员在奥运会上输给阿根廷队和立陶宛队的原因。后者硬朗、务实而实用的打法多少与一般的NBA（美国男子职业篮球联赛）球队有所区别，难免让NBA（美国男子职业篮球联赛）巨星们不适应。防守出色和球风实用的活塞队和马刺队夺得NBA（美国男子职业篮球联赛）总冠军多少也与因为他们不同于联盟中其他球队的风格有关。甚至有中国球迷很讨厌这两支队伍，因为有他们参加的比赛观赏性确实不如其他球队的比赛。

所以，职业体育和国家体育之间的关系是对立统一的，肯定不是只有相互促进这一种关系。而要实现职业体育对于国家争光体育的贡献，恐怕不是动辄让联赛为国家队比赛让路这种方式可以达成的。联赛制的职业体育竞赛虽然有表演成分，但毕竟要以奉献精彩激烈的赛事为核心，运动员水平相对较高是可能的，经过一段时间的集中强化训练是可以为国家队取得好成绩的。这里的一个关键问题是：如果体育行政管理部门想借助联赛提升国家队的水平，就必须注意本土球员的培养这个关键问题。

绝不能让本土球员失去比赛和锻炼的机会。这样一来,看似保证和提高了联赛的观赏性甚至水平,但伤害的是本土球员的发展机会,最终会贻误国家队的前途。

对于 CBA(中国男子篮球联赛)来说,必须努力引进打法实用和讲究配合的欧洲和南美球员,并限制外援上场人数和时间,给本土球员留出足够的上场机会。否则,我们会一直欣赏着似乎高水平的篮球联赛,同时国家队的成绩越来越差。

(作者:易剑东,原文写于 2009 年 6 月 12 日)

体育评论 12

易剑东

从世界范围内看,从宏观视域看,多数职业体育发达的国家其相应的国家队水平也比较高。虽然两者之间没有即时的一一对应关系,但大体表现出职业体育促进国家队水平提升的普遍逻辑。

然而,中国的职业体育却似乎没有反映出这个普遍逻辑。原因是什么呢?

中国的职业体育遭逢的最不利的一个境况是:当欧洲职业足球和美国职业篮球已经在中国电视球迷心目中获得了至高无上地位的时候,中国的职业足球和篮球无法为自己的球迷奉献高水平的表演,只能依靠强烈的家乡情结等来吸引球迷的注意。这使得职业体育所应有的超越地域情感局限的项目文化总体偏好失去了生存和发展的机遇,这不能不是中国职业体育的不幸!

中国足球无论在以国家为参赛单元的奥运会等世界赛场上的表现,还是在以俱乐部为参赛单元的国际国内赛场上的表现,都笼罩着挥之不去的“成绩或名次至上”的心理阴影。反复多次的恶性循环,终于使中国足球的整体面貌和社会形象一落千丈!

中国职业体育运作的初期,国家体育总局的运动项目管理机构一直处于强势的主导地位,随后一些俱乐部的利益逐渐渗透到联赛的决策体系当中来。中国的职业体育领域形成了比较明显的项目主管机构和俱乐部争夺权益、运动员权益难以得到保障的局面。

一个比较尴尬的现实是:推行职业化的项目并没有实现体育主管部门的预期目标——提高国家队的水平。中国足球的地位如江河日下,中国篮球始终没有突破历史上的最好成绩,中国排球的职业化程度较低,反而保持了相对比较高的水平。

这个现象是如何形成的?

笔者以为,这客观上源于中国官办的行政体育与职业体育的特质之别,主观上源于没有处理好专业体育与职业体育的关系。

从一般的意义上讲,在强有力的国家体育行政管理系统下开展的专业竞技体育,基本上是争光甚至增光体育、(政府或城市的)形象或面子体育、政绩或成绩体育;而职业体育则应该主要是观赏甚至欣赏体育、(俱乐部、球队、球员的)荣誉或荣耀体育、表演和艺术体育。

在行政力量支撑的专业竞技体育中常常有这样的现象:

很多中国人关注奥运会主要是关注金牌数量而不大关心其产生过程,我们的"奥运争光计划"的基本目的也在于此,对于运动员的评价和奖励甚至有"千银不抵一金"的说法。

很多人关注世界比赛中中国运动员的表现或国内赛事中本地运动员的表现,抱有强烈的关注国家形象或地区形象、面子的心理动因。

职业体育则往往为我们展示另一番图景:

很多人来到赛场或坐在电视机前观看比赛,主要是由衷地热爱该项运动,高端的球迷甚至会持续多年坚持欣赏一个联赛。

不少人对于自己喜爱的球队可能也有家乡情感等因素在内,但更多的球迷关注的是球队的精神面貌和技战术水平,球员也很珍惜自身和球队的荣誉。NBA(美国男子职业篮球联赛)的 30 支球队的每一个球员都在为 NBA(美国男子职业篮球联赛)的荣誉、为球队的荣誉、为自己的荣誉战斗着,正是这种至高无上的荣誉追求在激发着球员们努力拼搏。

球迷关注运动员的水平,但更关注的是比赛的精彩和激烈程度等,技艺纯熟和精巧的运动员往往是球迷的主要关注对象,运动员以卓尔不群的表演赢得尊重。

相对而言,以国家为参赛单元的世界比赛不追求表演艺术和技巧,而是实用,能取得胜利战胜对手就行,而以俱乐部为参赛单元的职业联赛就不能光讲究取胜而没有一丝表演甚至作秀的成分。

(作者:易剑东,原文写于 2009 年 6 月 12 日)

体育评论 13

易剑东

第一，连南非这样在体育设施和经济实力乃至安全保障方面不如中国的国家都可以办世界杯，而成功举办过奥运会的中国怎么不能办？

第二，中国举办世界女子足球锦标赛都能有很高的上座率和商业开发业绩，举办男足世界杯应该有更好的经济效益。

第三，世界杯的举办需要多个城市协同配合，赛场遍布多个城市，能减轻主办国的负担，能给多个城市的球迷带来近距离观赏强队比赛的机会。

第四，中国的很多省市正处于产业结构和消费结构的关键时期，举办赛事至少可以为相关产业带来联动效应，推进服务业的发展。

第五，中国的文化产业发展越来越快，而代表积极健康，甚至能降低犯罪率的世界杯的举办无疑对于中国社会的发展是有益的。

第六，中国的体育赛事管理人才不足，整个体育产业仍处于向发达国家继续学习的阶段，举办世界杯能锻炼和培养一大批赛事管理人才，对今后体育产业的发展善莫大焉。

第七，中国球迷往往难以在合适的时间看到精彩的世界杯，熬夜看球实在不是科学合理的看球方式，能在中国办赛，能减轻很多球迷的熬夜痛苦和请假难度。

第八，中国已经举办过奥运会，短期间还难以举办冬季奥运会，在世界七大经济体中，中国是唯一没有举办过世界杯的国家，如能弥补这个缺憾，也能使中国走向体育强国之路更加有力。

第九，中国足球正在进行艰难的复兴，2018 或 2022 年还有 8 年或 12 年，如果能励精图治，或许能在世界杯的促动下提高点足球水平。

第十,南非已经打破了世界杯历史上还没有出现东道主不出线的先例。其实即便南非本次侥幸出线或者中国届时遭遇小组不出线,也不必觉得丢人,至少中国人在家门口看其他 31 支强队的比赛还是千载难逢的机会。

第十一,从最功利的角度看,世界杯的承办难度和风险少于奥运会,但收益却是多方面的,据媒体报道南非世界杯至少盈利 180 亿美元。

第十二,从世界杯最近举办的周期看,2006 年德国,2010 年南非,2014 年巴西,2018 年或 2022 年还是可能轮到亚洲的。权威人士甚至说布拉特有在任上让中国获得世界杯举办权的心愿。中国何乐不为呢！想等到国家队有把握小组出线再去申办世界杯,恐怕机会几乎为零呀!

（作者:易剑东,原文写于 2010 年 6 月 22 日）

体育评论 14

易剑东

南非世界杯结束了，然而，这次世界杯期间，有几个围绕世界杯的问题颇有些意味深长。

一是多数世界杯的赛事评论都不大涉及中国足球。

二是中国的世界杯报道对于南非世界杯的负面报道很少。

三是主宰世界杯报道的中央电视台的收益被模糊甚至屏蔽。

对于第一个问题，我们似乎有充分的理由：中国足球已经被埋汰得够厉害了，再在观看南非世界杯时谈中国足球，实在是无聊，甚至有些给伤口上撒盐的不地道。确实，中国足球无论是水平还是形象已经降到了最低点，然而，越是这样的时刻，我们越要敢于和善于从世界杯中去学习。中国暂停中超联赛，或许就是要让球队和俱乐部从观看世界杯中获得一些启发，从而振兴萎靡中的中国足球。从各种国内的媒体报道看，在讨论世界杯时一般人都有意无意地不涉及中国足球，个别昔日球星对于朝鲜队表达了一丝不屑，立刻遭到猛烈批评。看样子，多数人对中国足球，已经是死了心。与国际足球联合会提供的世界范围内关注世界杯最多的是中国球迷这个信息相比，我们的媒体和专家有意回避提及中国足球，实在是一个值得我们反思的现象。

一个十分令笔者伤感的现象是：当我提出中国应该申办 2018 或 2022 年世界杯时，得到的几乎一致的反应是否定。

看到第二个问题，我想得比较多的是，2004 年雅典奥运会时，笔者曾经在中央电视台新闻频道参与过一档“从雅典看北京”的节目，结果这个节目因为触及了雅典组织委员会部分工作的不到位，最后不得不提前结束。

在很多时候，让我们的媒介不报道别人的负面新闻，并不是一种明智的做法。因为但凡明白新闻规律的人都明白：世界本来就不是一片美好，即便你的媒体报道中什么都好，人家也不信。所以，在笔者看来：只要不是主动策划和有意扭曲，报道点别人的负面新闻没关系。让别人报道点我们的负面新闻，也没有什么大不了。

第三个问题是关于中央电视台的世界杯报道收入，目前一个比较宽泛的模糊数字是10—15亿元。我们无法给出一个确切数字，但我们从一些媒体报道中得知了中央电视台购买世界杯转播权的投入，还知道中央电视台进行了电视台和新媒体的分销并获利颇丰。个别专家担心：不要过分夸大中央电视台的世界杯报道收入，否则会使国际足球联合会提高中央电视台的转播权购买费，进而可能使球迷今后不得不付费收看世界杯。对于这种观点，本人不敢苟同。首先，中央电视台通过世界杯报道权的运作能有多少收益，相信有能量的一些国际公司是可以通过不少公开信息估算和推测出来的。其次，即使央视不主动公开其收益，国内这些广告商、赞助商包括获得分销权的地方电视机构和部分新媒体也会逐步直接或间接透露出这些数据的。再次，其实中央电视台如果能把世界杯报道的相关投入和成本都公之于众的话，恰恰可以赢得公众乃至国际足球联合会的理解，给外界一种“我们挣钱也不容易”的印象，从而避免一些机构和民众随意拔高中央电视台的世界杯报道收入。最后，在当前国际经济全球化和一体化的背景下，中国的经济实力和国际地位已经有目共睹，想依靠遮蔽一些信息去扮演贫困和弱者角色来低价获取收益甚丰的世界杯报道权已经越来越难了。与其遭人猜疑，不如主动公开成本和收益、投入和产出，这样还可在今后的谈判中占据主动。

无论今后中央电视台花多少钱获得世界杯的报道权，只要她公开、合理地收取观众的相关费用，我相信没有几个人会暴跳如雷。对收入遮遮掩掩，对投入讳莫如深，绝对不能成为今后让百姓免费看世界杯的借口。

（作者：易剑东，原文写于2010年7月15日）

体育评论 15

易剑东

近日,有媒体高调报道了大连万达介入中国足球振兴计划的事实,王健林在发布会上提出的 3N 计划也得到了韦迪的积极回应。

大连万达、国家体育总局足球运动管理中心方面的合作引人注目,媒体关于这次合作的报道也日趋积极,大家对于万达在未来三年提供五亿资金支持中国足球寄予了很高期望,对于三年计划从娃娃抓起表示了深切关注。

然而,坦率地说,我对此中国足球近几年的前景不敢乐观,对于强大的房地产企业介入中国足球整体的运营管理不敢抱太高的期望。

我认为:任何一个运动项目要实现全面进步和整体繁荣,必须依赖于扎实的文化根基、优越的产业环境、严密的社会系统。少数优秀运动员拿几个冠军只能短期提升项目影响力,个别赛事一时取得丰厚收益只能为企业发展而不是产业繁荣提供证据,某几个足球学校诞生个别球星只能激活区域的足球氛围而无助于足球社会系统的完善。

其实,我们看看世界足球强国的基本状况,就不难发现我们足球水平低下背后的问题。在对足球文化的关注与理解、对足球产业的投入与消费、对足球行业的支持与支撑等方面,中国存在的距离不是短期间可以缩小的。

据最新的统计资料,中国目前登记在册的足球运动员总数是近 3 万人。而在日本足协正式注册的踢球人口近 100 万,韩国有 52 万正式注册的足球运动员,荷兰每 15 个人中就有 1 人踢球,人口远少于中国的西班牙有 380 万足球人口,法国、意大利、德国的足球人口分别为 299 万、404 万、626 万,占其本国人口的比例为 5%—10%。巴西的注册俱乐部就超过30万个。

大量的足球人口和无数的足球观众,体现的正是足球文化的丰厚和足球产业的兴盛,而企业、媒体等对于足球的关注则是足球社会系统完善的重要标志。

查看各国有关某项运动人口的统计资料时,我时常有一种困惑:那些人口只有几千万的西欧国家,某项运动的人口往往达到几百万,当我们把那些各项运动人口数加起来时,往往超过国家的总人口数。现在想来:理由很简单,那些国家的百姓往往同时是几个项目的人口,而我们国家的体育人口总量统计是不分项目的,我们很多人是所有体育项目都不参加的。

3N计划的目标是三年内青少年足球人口翻一番,对这个目标我丝毫不怀疑。但关键问题是:我们的足球人口对于足球文化、足球产业、足球社会的贡献和影响如何,却是一个不得不面对的问题。

中国足球职业联赛开始以后,全国短期间出现了几百所足球学校,我也曾经和几个送孩子进入足球学校的家长交流过,几乎无一例外的回答是:职业足球运动员太挣钱了,希望我的孩子能像他们一样。

如今残酷的现实是:中国当前的足球学校只剩下不足10%了,那些孩子不知道还是否在对金钱的憧憬中享受足球的快乐与痛苦。

前国际足球联合会主席阿维兰热曾经判断世界上与足球直接有关的人多达1亿,与足球间接有关的人高达10亿。不管这个数字是否精确,与他的这个判断相对应的当时的另一个数字是:世界足球产业产值2500亿美元。

当中国越来越多的人从欣赏和品味足球文化、越来越多的企业家投资足球能逐渐有所回报、越来越多的媒体和公众能心甘情愿地支持足球,中国足球就有了发展和进步的基础。

当前中国足球存在的问题恰恰是:真心诚意投身足球运动的人不多,把职业足球作为产业来经营的人有限,心甘情愿支持足球运动的人很少。

只要解决文化根基不稳、产业环境不佳、社会支持不足这几个基本问题,中国足球的发展就是顺理成章的事情。

从这个意义上讲,不要奢望三年和五亿能解决中国足球存在的问题。恐怕中国足球的主事者要卧薪尝胆、励精图治、精益求精,广大关心中国命运的人们要放弃成见、重拾信心、保持耐心,才有可能迎来中国足球的进步和成长。

对于落后中的中国足球来说,遵守"培养足球文化根基—培育足球产业环境—培植足球社会系统"这个世界足球振兴和繁荣的基本规律,尤其应该成为颠扑不破的指导思想。

(作者:易剑东,原文写于2010年7月15日)

体育评论 16

易剑东

作为一个关注体育历史和文化、始终思考中国职业足球根基的学人，笔者认为我们还有一项十分重要的工作必须去做。这项工作可能只适合体育学者而非体育官员来做。那就是：通过对世界职业足球历史的考察及其与中国职业足球发展轨迹的比较，揭示职业足球发展的普遍逻辑与一般规律，进而解释中国职业足球为什么难有进步，今后应该如何发展。

五项重点是：一要科学规划中国足球发展，要在深入调查研究的基础上，认真总结中国足球发展过程和经验教训，深刻分析新时期足球发展面临的新形势和新任务，提出符合我国国情的足球运动发展目标、任务和政策、措施，制定科学、严谨、合理、可行的足球发展中长期规划。二要进一步加大青少年足球运动的发展力度，与教育部门协调配合，加强对校园足球活动的组织领导和政策配套，扩大校园足球覆盖面。三要加强职业足球俱乐部规范管理。四要继续推动职业俱乐部强化主人翁意识，共同维护联赛秩序和形象。五要积极稳妥推动职业足球联赛管办分离的改革。

世界范围内职业足球自英国兴起，1888 年开始创办职业足球联赛。其基本逻辑是：一批沉迷于足球并希望以足球为职业的优秀运动员（产业工人居多）在不同城市的业余足球环境中成长，一大批热衷于观看足球比赛并将其作为重要闲暇方式的市民逐步产生，一些清醒地看到商业化运作足球赛事有利可图的资本家，部分认识到足球市场的形成可以弥合资本家和工人阶级之间隔阂的政治家和教育家等。

这种职业足球原初的逻辑与美国职业橄榄球以及整个职业体育的逻辑基本一致。其主要特征是：比赛规则的商榷和统一为职业赛事举行奠定技术基础；娱乐和闲暇方式的阶级认同、城市文化和传媒兴起支持职业联赛;商业利益和观赏市场的形成催生职业联赛;联盟及其委托经营机构的专业化推进联赛的运营;职业足球与国家队成绩之间并无一一对应的线性关系。

可以这样说:世界职业体育和职业足球的基本逻辑和普遍规则并不支持我们的职业体育那种始终无法剪断与行政足球之间脐带的形态,也与我们因国家队成绩不佳而进行职业化改革的原始目标不相符合,更与我们长期以来拒绝成立职业足球联盟和排斥职业经理人主导的管理体制背道而驰。

五项重点分别指向短期功利、故步自封、经验主导、主体虚无、管办不分五种中国职业足球的弊病。如果从世界职业足球联赛100多年的历史来审视这些弊病,我们就可以获得不少特别的启示。欧洲多数国家的职业足球都是建立在庞大的足球人口(尤其是青少年足球人口)的基础上的;欧洲很多城市里职业足球队是最能代表城市形象的重要组织,球迷俱乐部不仅数量庞大,而且与俱乐部的关联广泛而持续;俱乐部及联盟的运营机构具有丰富的商业运营经验,联盟的共生利益至高无上;职业俱乐部作为联赛的市场主体,其主权利益得到充分尊重;职业足球的产权明晰,利益分配机制协同配套。

综上所述,我认为当前中国足球发展面临的问题和需要解决的矛盾很多,但最基础的工作应该是理清世界职业足球发展的普遍逻辑与一般规律,通过历史与逻辑统一的思路,重新审视中国职业足球发展必须应对的根本问题。

只有立足这一点,才有正确的理论基础去分析和解决一些包括管办分离在内的具体问题。

(作者:易剑东,原文写于2011年12月31日)

体育评论 17

易剑东

笔者看了《足球职业联赛管办分离改革方案(试行)》全文,也阅读了大量的相关评论,发现民间的基本论调是悲观和消极的。笔者以为,对于目前处于特殊情境下的中国职业足球,恐怕不宜简单地甚至情绪化地表态。

笔者在以往的文章中就谈到过这个问题:西方职业体育,包括职业足球兴起的历史与逻辑表明:自愿以足球表演为职业的球员的出现、乐意掏钱观看足球比赛的球迷的产生、希望通过投入足球比赛而盈利的商业机构、冀望通过足球赛事消除阶级间娱乐分野的政治家和教育家……英国在产生世界上第一个职业足球联赛时就具备了所有这些条件,足球运动员、城市中大量产业工人成为忠实球迷,后来有电视媒介的介入、广告和赞助商的参与,更加速了足球的职业化进程。美国的职业棒球乃至其他世界范围内的职业体育,都经理过大体相似的逻辑。

中国的职业足球从一开始就不是按照合乎世界职业体育逻辑的动力发展起来的,因而其后的管理体制和运行机制也难以遵循职业体育的普遍逻辑,而是始终无法割断与行政体育的脐带。这是我们思考目前中国职业足球联赛管办分离的一个现实基点。

印象很深的是,中国篮球联赛 1995 年开始举办不久,就有人看不惯当时的管理体制,呼吁建立类似很多西方国家的职业篮球联盟。当然,这个建议被中国篮球管理方以条件不成熟和国情不同为由无情地拒绝了。

那么,目前的这个管办分离的改革方案是否有值得肯定的地方?答案是肯定的。首先,中国足球协会主动提出剥离联赛经营权;其次,增加了职业联赛理事会中非足协人员的比例;最后,还承诺今后民主选举理事会主席。

然而,如果从目前世界上普遍倡导的多中心治理和社会公共管理的视野看,这个方案还存在着设计和执行的一些问题。虽然我们不能照搬西方的职业足球管理体制,但100多年职业联赛的西方历史可以为我们的职业联赛管理提供一些可能带有共性乃至必然性的参照。

第一,联赛的特殊公共属性不能成为足协主导职业联赛的理由。

这个方案提到了中国职业足球的特殊公共属性,这本身和当初谢亚龙提到的中超联赛属于准公共产品有相似之处,当问题的关键是:具有公共属性就一定要行政主导而不能实现多中心治理吗?

美国学者P.尼尔森在1970年曾将商品分为信任品、搜寻品和经验品。所谓"信任品"是指即使在消费后,人们也难以把握其品质,而"搜寻品"和"经验品"通常经过一定信息辨识和消费后就能大致判断其质量。由于足球联赛的复杂性,其商品属性应该属于信任品,存在着隐蔽性、累积性和难以追溯性等特点,因此恰恰应该采取多种主体共同监管的形式来运营。

多中心治理理论是奥斯特罗姆经过深刻的理论分析与丰富的实证分析提出来的。他认为在私有化和国有化两个极端之间,存在其他多种可能的治理方式,并且能有效率地运行。一群相互依赖的个体"有可能将自己组织起来,进行自主治理,从而能在所有人都面对搭便车、规避责任或其他机会主义行为诱惑的情况下,取得持续的共同收益。"由于职业足球具有极强的共生性,所以很适宜进行多中心治理。

资料显示,法国的职业足球协会虽然属于法国足协,但它保持着相对独立,与法国足协之间有着明确的分工:足协统管一切与国家队有关的事务,职业足球协会对职业联赛进行全方位的管理。

日本的情况也与此类似。政府部门将职业足球交给足协管理,足协在宏观上管理职业足球,将职业联赛的事务交给职业联盟管理。日本职业足球联盟在联赛还没有开始就成立了,是一个独立运营的社团法人组织,主要负责职业联赛的运营和管理。职业联盟的组织结构分为5层:J

联赛总会、联赛主席、理事会（主席）、J1 和 J2 联赛执行委员会、联赛事务局。事实上，日本职业足球联盟在具体事务上做到了完全脱离足协，其中 J 联赛迷秘书长中西大介曾认为脱离足协提高了职业联盟的办事效率。

时下，“多中心”一词现已成为一种思维方式和理论框架，更成为公共物品的生产与公共事务的治理模式之一。中国职业足球如果能有效吸收这一理论的精华，就能在今后的职业联赛管办分离方面获得很多启示。

第二，新生制度并不必然需要采用分级管理。

在改革方案中，明确提到要逐步理顺和建立国家体育总局、中国足协、职业联赛理事会、中超公司分级管理层次。并在逐级设计中提到审议、批准、审计、评估制度。

其实，按照社会公共管理的普遍观点，作为具有社会公共属性的职业足球，也应该顺应当前社会公共管理的潮流，也就是从传统的以官本位为特征的行政管理转向“权利社会”本位的社会公共管理。

我国公共管理学家王乐夫认为，社会公共事务主要包括教育、科技、文化艺术、医药卫生、体育等公共事业；社会服务、社会公用事业以及维持社会秩序的公共事务等。这种类型的公共事务显示的社会公共性最强。这类事务的很多公共职能应该交给社会承担并由此建立起政府与社会的互动关系，以有效处理社会公共事务。

按照社会公共管理学的观点，针对某一具体的社会公共事务而言，究竟哪一个主体扮演主角，哪一个主体充当配角，他们在什么条件下会发生角色转化，取决于多种因素。但最根本的因素是社会公共事务的公共性及其程度。中国职业足球目前存在的问题至少是中国足球协会干预过度或干预不当，投资主体的利益被忽视和弱化，社会公共群体（媒介和球迷等）的诉求得不到重视，因此，从社会公共管理主体多元化的要求出发，目前并不适合强化反而应该淡化中国足球协会的职能，同时更多地赋予其他主体更多的实质性职能。

例如，英国足球超级联赛虽然概念上归属英国足总管理，但英超联赛的所有权属于 20 家英超俱乐部，英超联赛的主体是由各俱乐部组成的英超联盟，从成立之初就获得了独立于英足总的商业开发权，与联赛有关的许多重大事宜都由俱乐部投票决定，英足总只是英超联赛的一个特别股东，它在一些重要问题上拥有一票否决权，比如英超委员会主席和首席执行官的任免等，但在其他事务上没有发言权。

社会公共管理理念还认为，要解决社会公共事务问题，不仅需要政府制定配套的政策措施，同时需要公民以个体或集体行为的方式积极参与。而且，公民以集体行为的方式参与社会政策制定及政策实施，比单独行动更有效果。在涉及中国职业足球的问题上，足球俱乐部、足球赞助和广告商、足球媒介、球迷等都应该以群体或自治组织的方式在中国职业足球理事会中获得应有的地位，而不是目前简单以选举方式产生几个代表为满足。因为有时候代表并不能体现整个群体的主要诉求。

由于社会事务一般涉及某些或全部社区居民的共同利益，而且现代社会又是信息化的社会，因此不可能存在“隐秘性”的社会事务。在社会公共管理理念指导下的中国职业足球联赛管理，应该是在阳光下进行的管理。社会上其他不是密切的利益相关者，也有权利知晓相关事务，因此，必须实行管理信息公开，才能获得公众的信任、支持和参与。对于当前社会信任度不高的中国足球来说，是必然的选择。对于球迷协会的服务和球队所在社区的信任，是职业联赛应该敦促俱乐部大力推进的事务，这也是办好俱乐部和联赛的必要的社会环境。寄望方案中拟成立的赛区委员会对于球迷和球队所在社区有充分的尊重。

第三，实施细则是确保改革成功的重要环节。

除了上述理念指导下的制度设计问题后，我还认为，即便今后组织架构和制度设计合理完成，恐怕还需要在执行方面有一些细则性的规范，否则，中国传统文化和组织惯性下的一些问题还会破坏好不容易建立起来的多方利益协调和民主协商的管办分离改革。

例如：

19 个理事会执委会成员是否都能单独或一定规模的提出改革方案的权利？

四个其他利益方代表从哪些领域产生？如何产生？

理事会成员的提议经过什么程序可以成为理事会大会的议题？

在理事会执委会或理事会大会中，主席的职能如何界定？

理事会议事的程序如何？主席是否有关键的否决权和临时动议权？

理事会的执行局如何组建（秘书和行政人员从哪里来，对主席还是对理事会负责）？

理事会和中国足协的职能分界在哪里？

目前方案中不同层级主体审议、批准、审计、评估的事务如何明晰？

从我们近邻日本的情况看，日本职业足球联赛理事会每月都会召开联赛会议，讨论有关联赛运营的基本方针、制定各种规程及规章制度等。理事会 18 名成员有三分之一来自足协，职业足球联盟则负责日本职业足球联赛的全部事务。

诸如此类的问题如果不能通过细则得以规定和确定下来，就可能产生半小时通过重要方案、几乎没有任何意见之类的走过场的民主。

所以，理念识别、制度设计、细则规定无一不是中国职业足球管办分离改革的关键！

希望中国职业足球能通过管办分离改革成为中国职业体育趋近世界职业体育潮流的排头兵！

（作者：易剑东，原文写于 2012 年 2 月 12 日）

体育评论 18

易剑东

仿佛一夜间,太多的金钱投入到了中国足球,笔者却异常忧心忡忡。

笔者在此前的多篇文章中提到过一个观点:职业体育和我们夺金牌为目标的行政体育具有不同的发展规律和运作逻辑,而中国体育职业化却是因为行政体育遭遇瓶颈催生出来的。或许正因为如此,我们的职业体育总是割不断和行政体育之间的脐带,行政干预是目下中国职业体育发展难以获得独立性、按照世界职业体育普遍规律和一般逻辑正常发展的重要阻滞因素。

但事情有时会从一个极端走向另一个极端。

我们没有独立运作并且由投资人(或其委托人)负责管理的职业足球和职业篮球联盟,这是行政体育不肯舍弃其管理权导致的,是政府万能主义和政府无限职能论的表现之一。这样的弊端导致我们所谓的中国足球协会(附属在事业单位——国家体育总局足球运动管理中心之下)过度干预职业足球,酿造了中国足球如今的苦果。

最近,《中国青年报》提出了中国职业足球陷入"金元美学"的问题和中超俱乐部之间"星际争霸"带来的泡沫问题。还有很多网民对于当下中国职业足球的热闹景象提出了反思。

笔者认为,当前的这种争夺大牌运动员和教练员、不惜金钱进行攀比和巨额投资的中超乱象如不能得到及时和有效制止,中国职业足球将面临停板或者崩盘的危险。

职业足球的一个显著特征是具有激烈的竞争性以及由此带来的娱乐性,但作为一个职业赛事联盟体系,却必然要求各俱乐部之间是共生关系,必定需要在总体上达成平衡。保持必要的悬念和不确定性乃至偶然性和未知性，是职业足球观赏市场繁荣的一个保证，因此才会有足球赛事结果竞猜的彩票市场的繁荣。

因此，无论是NBA（美国男子职业篮球联赛）还是欧洲足球联赛，都极力在构筑职业俱乐部之间的竞争关系时强调和彰显相对均衡的资源供应、实力营造和政策干预。所以，NBA（美国男子职业篮球联赛）的工资帽制度、奢侈税、新秀挑选制度等都在营造一种相对均衡的竞争关系，其目的就是要让各俱乐部之间的实力不要差距太大，让比赛有悬念和观赏性，以稳定联赛的市场容量。

最近，欧足联官方网站的数据显示欧洲664家俱乐部半数亏损，1/3俱乐部收支明显不平衡。在这种情况下，欧洲足联推行新的“财政公平竞赛原则”来遏止俱乐部之间的恶性竞争，尤其是投资无度和非理性的行为。这个原则的核心是要求俱乐部确保“收支平衡”，该条款将在2012财政年报表周期内强制实施，没达到自身“收支平衡”的俱乐部，会在2013赛季受到相应处罚。

NBA（美国男子职业篮球联赛）的相关制度主要目的是在竭力维护俱乐部之间的实力相对均衡，进而确保赛事的精彩，而欧足联的以追求俱乐部“收支平衡”为目的的“财政公平竞赛原则”是为了遏止非理性的投资扰乱职业足球生态，以维护足球联赛的健康发展。

从职业俱乐部之间竞争性平衡和共生性生态的营造角度出发，一支或几支俱乐部疯狂引进大牌教练员和运动员，显然会造成俱乐部之间实力的极度不均衡，从而产生一家或几家俱乐部独大或长期霸占榜首的情形，长此以往，观众会失去胃口，赞助商和广告商会失去兴趣，媒体会失去激情。从中超目前情形看，两支舍得巨额投资的俱乐部，一个占据榜首，一个陷入降级区，根本没有“平衡的竞争”。

从职业俱乐部自身财务收支平衡的角度看，客观上也需要防范那种不图回报（或者不图职业俱乐部的市场回报，只追逐所谓的政府关系和广告效应）的疯狂投资。这样的结果是：俱乐部自身作为一个市场组织，根本无法做到收支平衡，总是采取外部输血的方式来延续生命。这样一来,俱乐部就难以扎扎实实地进行长期的内涵式建设,比如青少年后备力量培养、基础设施和训练体系建设等,只能引发更多的短期功利行为和规模扩张冲动。更可怕的是,不少俱乐部所有者和投资人并没有真正的体育情结,很可能因为一点变故就撤资和作甩手掌柜,从而毁灭俱乐部的有机生命。职业俱乐部需求的共生性生态更无从建立!

所以,大凡世界上成熟的职业体育,都强化两种监管:一是维护联盟或联赛的竞争性平衡从而防范一个或少数俱乐部实力明显强于多数俱乐部;二是通过俱乐部自身的财务平衡来控制非理性和疯狂的投资行为,防止那种利用职业体育来实现其他目的而损害职业体育的行为。

欧足联的财务公平竞争原则得到了一些重要人物的支持。

欧足联主席普拉蒂尼鲜明指出:"这项政策的提出和推行是为了保护欧洲足球的长期健康稳定发展,帮助俱乐部摆脱困境。"

德国足球名将鲁梅尼格尖锐地指出:无休止的"扩军备战"现象必须得到遏制。欧洲俱乐部确实在一段时间内弄错了方向。我们要重新走上正轨,让俱乐部足球更为理性地发展。

1994 年至今的中国职业足球,经历过健康发展的几年,在 1998 年之后基本就陷入假球、黑哨、赌球的泥潭中。而贯穿这些年中国职业足球的一个悖论是:很多球员水平不怎么样,却拿着百倍于工薪阶层的工资和奖金。那些老板投资足球的目的显然不是促进足球市场的发展,甚至不想通过足球挣钱,而是鲜明的非足球和非体育目的。因此,那时足球运动员们获得的高薪,显然不是足球市场供求关系的真实反映。

这种不顾职业足球规律和逻辑的做法不能再延续下去了。这种制造泡沫之后可能带来崩盘的危险我们不能坐视不管。

(作者:易剑东,原文写于 2012 年 2 月 12 日)

体育评论 19

易剑东

当年我国举办奥运会被认为是“百年奥运,中华圆梦”。其中确有史实可以证明,最迟在 1907 年中国已经有人提出过关于奥运会的三个梦想。其中的版本不少,但共同的版本中第三个梦想都是在中国举办奥运会。

我没有查询到中国何时最早有举办世界杯的梦想,但可以肯定的是这个梦想一定晚于举办奥运会的梦想。因为 1930 年才有世界杯,而 1907 年中国就有人提出过奥运梦。

我所了解的是,阿维拉热在快要退位时有过让中国举办 2002 年男足世界杯的想法,并且通过一些不大公开的渠道暗示过中国有关方面。可惜的是,我们当时有不少人认为全力申办 2000 年奥运会之际不宜分心去争取世界杯,而且有人认为举办世界杯的意义不如奥运会。现在看来,我们失去了 2000 年奥运会的主办权,也使得日本和韩国作为亚洲的代表赢得了 2002 年世界杯的举办权。此后,美国人在 1994 年和 1996 年年实现了世界杯和奥运会的双赢,而巴西 2014 年和 2016 年也将实现这种兼得。当然,或许因祸得福的是,我国的男足国家队因为日本和韩国的东道主自动入围因素而获得了历史上第一次、也是迄今唯一一次参加世界杯决赛阶段比赛的资格。不过,这个成绩和 1988 年汉城奥运会的首次奥运秀一样令人尴尬,不进一球,不得一分。

关于 2002 年世界杯的争办,曾有人以为只有进军过世界杯决赛阶段比赛的国家才有资格举办,因为中国此前没有进军世界杯的纪录,不少国人认为我国无资格申办世界杯。但事实证明,国际足球联合会从来没有这个规定,日本在争办 2002 年世界杯时还没有进军过世界杯(日本首次进军世界杯在 1998 年)。可以说,正是一个奥运会和世界杯不能同时申办的观念和一个没进军过世界杯不该申办世界杯的错误认识,使得我们首次失去了把世界杯领进门的大好机会。

第二次主办世界杯的机会也是我们主动放弃的。正当国际足联关于是否举办世界杯的传真文件抵达中国足协时,正好是中国足协领导换届的前后。再加上北京奥运会上中国足球的糟糕表现,没人有心去关注这件事情,轻而易举地就丧失了一次大好机会。这次成就的是 2018 年俄罗斯和 2022 年卡塔尔。本来以卡塔尔的条件,举办世界杯难度不小,他们举办奥运会的努力就曾因为只能在 12 月举办被罗格涮了一次,做了不少准备后被考察团基本肯定,但最后因为时间问题未能进入最后票决。卡塔尔 2022 年世界杯安排在 1 月 13 日到 2 月 13 日,使得不少国家的足球赛事被迫调整,而卡塔尔不足 100 万人口的情况也使得届时的观众数面临着巨大挑战。中国足球本来可以抓住这次机会实现振兴,如果我们能通过举办世界杯来进行中国足球的基础建设,10 年以上的机会未必不能让中国足球在 2022 年面目一新。很多人看似关心中国足球,其实很少有人真正思考过如何振兴中国足球。以为,举办 2022 年世界杯其实就是一个契机。通过这个契机实现中国足球崛起的契机,多美好的一次机会呀!

重申一下,举办世界杯在某种程度上比举办奥运会意义更大,因为它至少需要 8 个城市的直接参与,时间长达 1 个月,举办成本少而且可以分摊,受益面却广,而且时间长,世界杯的经济收益也比奥运会高,电视转播权就达到奥运会的大约两倍。

强调一下,举办世界杯和奥运会一样,有 8 年左右的准备期,中国足球大可在基础建设和职业联赛建设方面积累经验和积攒实力。即便届时实力不行也不丢人,因为我们的足球市场足够大,中国希望观赏世界最高水平足球赛事的球迷足够多,至少可满足人们在家门口欣赏高端赛事的需求。

唯一的缺憾是,亚洲已经有 2022 年世界杯在手,我们的机会相对小些。不过很多时候事在人为,毕竟国际足球联合会没有大洲轮流举办的规定。而且申办世界杯不像申办奥运会,只需要执委会 20 多个委员的投票,而奥运会需要 100 多名国际奥委会委员的投票。

所以,笔者以为,2026 年世界杯我们申办成功的机会不大,毕竟 2022 年就是亚洲的卡塔尔举办,但 2030 年世界杯是世界杯 100 周年,中国可以申办,希望现在基础不断扎实的中国足球在 2021 年前后进步些,形象好些。届时也是我们小康梦实现的时间。如果能获得庆祝世界杯百年的大好机会,那将是中国足球莫大的荣耀。

我们遗憾地没能举办 2000 年的新千年奥运会,或许我们能举办百年庆典的世界杯呢!

梦想需要通过努力去实现,从现在起,让我们为中国争办 2030 年世界杯积累实力、积攒努力,积聚人气!

(作者:易剑东,原文写于 2013 年 4 月 30 日)

体育评论 20

易剑东

这几天围绕卡塔尔世界杯的举办时间，出现了很多论调。

一、2022 年世界杯拟在冬季举办引起轩然大波

2013 年 11 月 4 日，国际滑雪联合会联合其他两个冬季奥运会项目的国际组织，呼吁反对 2022 年卡塔尔世界杯在当年 1—2 月举办，认为北半球的冬季不该举办世界杯。其实早在上个月，国际足联的国际规则委员会官员就曾宣称，将派出咨询委员会来决定是否将传统的 6—7 月举办的世界杯足球赛事调整到其他时间，以避开已经指定承办 2022 年世界杯的赛地卡塔尔 6—7 月灼热的气温。

曾有建议说 2022 年的 11—12 月举办或 1—2 月举办，但是这种转换遭到国际滑雪联合会的反对，该组织担心自己的赛事会变得缺乏关注，尤其是商业运营会大受影响。

在十一月三日星期天的会议上，国际滑雪联合会理事会表态要联合国际有舵雪橇联合会、国际无舵雪橇联合会、国际冬季两项联合会、国际冰球联合会、国际滑冰联合会、世界冰壶联合会一起讨论向冬季举办世界杯之事表明正式的态度。

该表述为：国际滑雪联合会将联合其他六个国际冬季项目联合会签署一项决议，以反对 2022 年冬季体育赛季期组织世界杯赛事。

国际奥委会也关注到 2022 年世界杯的举办时间问题，注意到它可能影响当年计划在 2 月举办的冬季奥运会。2013 年 10 月，国际滑雪联合会主席基里安·弗朗哥·卡斯帕声称，在 1 月份举办世界杯“将不仅杀

死冬季体育项目多数商业区，而且也将杀死公众”。

“假如他们在 11 月甚至 12 月举办，我会不喜欢但我可以容忍，在 1 月份举办，我坦率地讲，这是我们的主要赛季——不仅对滑雪，而且对所有冬季体育项目。”

卡斯帕警告说，电视转播商、赞助商和广告商将会受到这种转换的影响，他说：“他们会说，‘我们将减少电视观众，为什么我们要支伏这么多’这是可以理解的，假如两个月里有世界杯和冬季体育项目，市场将会饱和。”

二、问题的由来与端倪

其实这个问题现在才引起关注有些不正常。

从一般常识看，在决定由俄罗斯和卡塔尔分别举办 2018 年、2022 年世界杯赛事的 2010 年 10 月 2 日国际足球联合会执行委员会会议上，人们就应该知晓，夏天极其酷热的卡塔尔，不可能在 6—7 月举办世界杯赛事。

记性更好的人可能还记得，2008 年 6 月 4 日，国际奥委会在雅典宣布，美国的芝加哥、日本的东京、巴西的里约热内卢和西班牙的马德里为申办 2016 年第 31 届奥运会的候选城市。各项条件排名靠前的卡塔尔被淘汰。原因就是举办时间只能放在 12 月，与世界体育赛事的举办惯例冲突。而 2006 年 12 月亚运会前及赛事期间多哈下大雨，也使很多委员对其举办奥运会丧失了信心。此后，多哈多次试图申办 2020 奥运会，声称要继续申办 2024 年奥运会，但依然不被人们看好。

2022 年世界杯可以看成是卡塔尔的一个持续努力的回报，根据笔者的了解，2006 年卡塔尔获得亚运会的办赛机会也是某种亚洲政治体系内在关系制约的结果使然，不完全是其实力的体现。

世界上最强大的赛事及其转播权中介商在某种程度上能左右世界体育赛事的周期表，该企业对此问题一直持续关注。但遗憾的是，这个几乎小孩都能明白的问题拖延到今天才爆发,还引得动冬季项目国际体育组织兴师动众。这实在是世界体育的一个悲哀。

北京和河北张家口要联合申办 2022 年冬季奥运会,这是一件大好事。但我们在申办过程中对很多事情要加倍小心。国际体育组织有些人不愿意对申办和主办方的风险承担责任,像卡塔尔上次申办奥运会付出巨大努力最后因时间问题被无情扫地出门,像这次再因举办时间引起国际冬季项目联合会的不满,类似问题恐怕还有不少,希望我们的有关方面不要大意。

说到底,世界体育赛事已经基本形成了一个稳定的周期,围绕这个周期的赞助、广告、转播商乃至观众基本形成了相应的预期。要打破这个预期,势必需要有一个较长时间的提前调整和顺应接纳机制。比如举办奥运会的举办时间几度调整,考虑的因素也相当多。因此,今后我们的城市要申办大型国际体育赛事,对类似问题的考虑宜早不宜晚,宜细不宜粗。

(作者:易剑东,原文写于 2013 年 11 月 7 日)